TIGER WOODS
So spiele ich!

TIGER WOODS
So spiele ich!

Tiger Woods und die Redakteure von GolfDigest

blv

Bildnachweis
Alle Fotos von den *Golf Digest*-Fotografen Stephen Szurlej, Dom Furore und Jim Moriarty, außer:
Allsport: Vorsatz, 7, 56, 222, 223, 224–225, 226–227, 275, 286–287, 288, 292, 296–297, 305;
Corbis/Jerry Tubby; Elizabeth Whiting and Associates: 298-299; Bob Ewell: 318–319; Bill Fields: 91;
Rusty Jarett: 94, 248–249; Larry Lambrecht 29 (links); Gary Newkirk: 1, 142–143, 156, 220, 240, 241, 258, 271, 281;
Larry Petrillo: 290; Kultida Woods: 8, 18, 274
Illustrationen
Ed Acuña: 42–43, 77, 84, 130, 149, 165, 254–255; John Corbitt: 26–27, 36, 39, 41, 47, 60, 75, 83, 91,
101, 116, 133, 136, 159, 179, 188, 231, 236–237, 257, 260, 272–273, 279, 280, 300, 302–303

Die Deutsche Bibliothek – CIP-Einheitsaufnahme

Ein Titeldatensatz für diese Publikation ist bei
Der Deutschen Bibliothek erhältlich

BLV Verlagsgesellschaft mbH
München Wien Zürich
80797 München

Titel der amerikanischen Originalausgabe: *How I play Golf*

Erschienen im Oktober 2001 bei Warner Books, Inc.
Warner Books, Inc.,
1271 Avenue of the Americas, New York, NY 10020/USA

© 2001 by ETW Corp.
All rights reserved

Deutschsprachige Ausgabe:
© BLV Verlagsgesellschaft mbH, München 2002

Das Werk einschließlich aller seiner Teile ist urheberrechtlich geschützt. Jede Verwertung außerhalb der
engen Grenzen des Urheberrechtsgesetzes ist ohne Zustimmung des Verlages unzulässig und strafbar.
Das gilt insbesondere für Vervielfältigungen, Übersetzungen, Mikroverfilmungen sowie die Einspeicherung
und Verarbeitung in elektronischen Systemen.

Übersetzung aus dem Amerikanischen: Dr. Alexander Kölbing

Lektorat: Inken Kloppenburg Verlags-Service, München
Layout: Judith Turziano
Herstellung: Angelika Tröger
Einbandgestaltung: Joko Sander Werbeagentur, München
Umschlagfotos: Vorderseite: Golf Digest, Rückseite: Gary Newkirk
Satz: Satz+Layout Fruth GmbH, München
Druck: Staudigl-Druck, Donauwörth
Bindung: Conzella, Aschheim
Papier: Galaxi Keramik 150 g/m² chlorfrei gebleicht, made by Zanders, geliefert von der Papierunion

Printed in Germany · ISBN 3-405-16363-3

Dieses Buch widme ich

meiner Mutter und meinem Vater,

deren Liebe und Unterstützung

mein Leben bestimmt haben.

INHALT

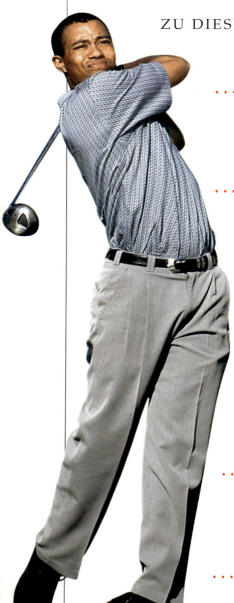

ZU DIESEM BUCH ❖ 8 • GELEITWORT ❖ 10 • DANKSAGUNG ❖ 13

EINES NACH DEM ANDEREN
ALLER ANFANG IST SCHWER
LERNEN WOLLEN ❖ 17

DAS KURZE SPIEL

Kapitel 1
ERFOLGREICH PUTTEN
»THE ROLLING ROCK« ❖ 35

Kapitel 2
SCHLÄGE SPAREN RUND UMS GRÜN
AUS DREI MACH ZWEI ❖ 59

Kapitel 3
MUTIG AUS DEM SAND SPIELEN
SCHEINBAR SCHWIERIG, TATSÄCHLICH EINFACH ❖ 79

DER VOLLE SCHWUNG

Kapitel 4
PERFEKT SCHWINGEN
EINE BEWEGUNG, AUF DIE VERLASS IST ❖ 99

Kapitel 5
DIE EISEN AN DEN STOCK NAGELN
TOT AN DIE FAHNE ❖ 129

Kapitel 6
DIE FAIRWAY-HÖLZER OPTIMAL TREFFEN
DER UMGANG MIT DEN VIELSEITIG EINSETZBAREN SCHLÄGERN ❖ 157

Kapitel 7
FULL POWER MIT DEM DRIVER
ALLES GEBEN, WAS SIE HABEN ❖ 173

Das Spiel auf der Runde

Kapitel 8
SCHWIERIGKEITEN MEISTERN
WENN ES ENG WIRD ❖ 221

Kapitel 9
DIE KONTROLLE BEHALTEN
SEIN SPIEL IM GRIFF HABEN ❖ 251

Kapitel 10
DEN KOPF BEHERRSCHEN
DIE PSYCHOLOGIE DES SIEGENS ❖ 269

Weitere Gedanken

Kapitel 11
KÖRPERLICH STARK WERDEN
DIE FITNESS BRINGT'S ❖ 289

Kapitel 12
SPIELEN UND SPIELE
SPASS AN DER FREUDE ❖ 309

NACHWORT ❖ 320

ZU DIESEM BUCH

Im Juni 1997 unterschrieb Tiger Woods einen Exklusiv-Vertrag als freier Mitarbeiter von *Golf Digest*. Das fand natürlich große Zustimmung bei uns allen. Dennoch hatten wir uns die Frage zu stellen, ob Tigers Wissen um den Golfschwung schon so ausgereift war, dass es zu einer echten Bereicherung für unsere Leser würde. Tiger war damals 21 Jahre, ein Alter, in dem die meisten Spieler auf den Ball »draufhauen«, ohne lange über Schwungtechnik und Strategie nachzudenken. Niemand stellte sein Talent als Spieler in Frage, schließlich hatte er zwei Monate vorher das Masters gewonnen. Was aber seine Fähigkeit als Autor/Lehrer anbelangt, hatten wir so unsere Zweifel.

Wie der Rest der Welt hatten wir Tiger unterschätzt. Unsere erste Arbeitssitzung glich einer Offenbarung. Er beherrschte die Grundlagen vollkommen. Er verstand alle Faktoren des Golfschwungs sehr genau und würde dieses Wissen im Laufe der Zeit noch vertiefen können. Überraschend auch für uns: Er erörterte die Themen umfassend, drückte sich unmissverständlich aus und brachte alles in eine didaktische Ordnung. Sehr schnell fand er eine Sprache, mit der er unsere Leser erreichte.

Alles, was Tiger über Golf zu sagen hat, ist in diesem Buch zusammengefasst. Zum Glück für die Leser hat Tigers Erfahrung in letzter Zeit noch zugenommen, sodass hier deutlich mehr zu lesen ist als im *Golf Digest*. Zum ersten Mal überhaupt berichtet Tiger über sein Konditionstraining, Ernährung, Sportpsychologie, und er gibt uns Einblicke in seinen Entwicklungsprozess zum härteren Wettkämpfer.

Ungeachtet seines Bestrebens, dem Durchschnittsgolfer mehr Freude am Spiel zu vermitteln, lautet der Titel des Buches: »So spiele ich!«, mit der Betonung auf dem »ich«. Denn Tiger konzentriert sich auf das, was *für ihn* richtig ist. Das betont er immer wieder. Dennoch werden Sie anerkennen müssen, dass alle seine Anleitungen nachvollziehbar und nützlich sind. Sicherlich werden Sie nach der Lektüre morgen nicht auch 320 Meter weit driven, aber zu wissen, wie Tiger dies bewerkstelligt, wird auch Ihre Längen gewaltig wachsen lassen.

Jetzt, im Alter von 25 Jahren, hat es Tiger zu der Reife gebracht, die erkennen lässt, dass er mit sich und seinem Spiel im Reinen ist und er von daher in der Welt des Sports einen festen Platz einnimmt. Wir hoffen, Sie finden Gefallen daran, was Ihnen der bekannteste und beste Spieler unserer Zeit zu sagen hat.

– DIE HERAUSGEBER VON *GOLF DIGEST*

Unglaublich: Alle konnten von Anfang an von Tiger lernen.

Zu diesem Buch

GELEITWORT

Mit dem Sieg bei dem Masters 2001 hat sich mein Sohn zu einem anderen Menschen gewandelt. Vier Majors in Folge zu gewinnen ist beim Golf eine Leistung, die in die Annalen eingehen wird. Diesen historischen Moment, der zwei Jahre früher nicht denkbar gewesen wäre, mitzuerleben, machte mich fassungslos. Worte können nicht ausdrücken, was das Vaterherz empfand, als er vom 18. Grün aus direkt in meine Arme kam. Vier Jahre zuvor war es ähnlich gewesen. Tiger hatte damals sein erstes Masters gewonnen und dies in seinem ersten Jahr auf der Tour. Aber dieses Mal war es anders. Ich hielt einen Erwachsenen in den Armen, der es zum *besten Spieler der Welt* gebracht hatte. »Du hast es tatsächlich geschafft, Du bist zu einem Stück Golfgeschichte geworden. Ich liebe Dich!«

Der Weg dahin begann in einem Kinderstuhl in meiner Garage in Cypress/Kalifornien. Ein sechs Monate alter Säugling sah seinem Vater zu, wie dieser Bälle in ein Netz schlug. Zwei Stunden verlor er dabei nicht das Interesse. Von Anfang an hatte Tiger eine wunderbar ausgewogene Golfbewegung. Es gab nur ein Problem: Er war Linkshänder. Er brauchte zwei Wochen, um festzustellen, dass er mich von der anderen Seite des Golfballs aus kopiert hatte. Mitten in einem Schwung stoppte er plötzlich ab, ging um den Ball herum, wechselte den Griff und machte den gleichen perfekten Schwung als Rechtshänder. Ich kann es bezeugen, kann aber diesen außergewöhnlichen Vorgang bis heute nicht fassen.

Sein Schwung wurde mit dem Älterwerden stabiler. Als Teenager schwang er nicht sonderlich kontrolliert und ziemlich flach. Als er dann in die Höhe schoss, sorgte sein Lehrer John Anselmo für eine steilere Schwungebene, damit er nicht wie Ben Hogan andauernd gegen einen Hook zu kämpfen hatte. Mit diesem Schwung war er in der Jugend und seiner Zeit als Amateur durchaus erfolgreich. Ich sah aber kleine Fehler, die ausgemerzt werden mussten. Nachdem Tiger bei den US Amateurs 1993 frühzeitig ausgeschieden war, nahm ihn Butch Harmon unter seine Fittiche. Dessen erster Kommentar, nachdem mein Sohn einige Bälle geschlagen hatte, war: »Tiger, Greg Norman hat wirklich große Hände, die größten aber, die ich je gesehen habe, hast Du!« Sofort hatte er alles Interesse von Tiger auf sich gezogen. Und weiter sagte er: »Ich wette, dass Du Dir kurz vor dem Treffmoment nicht klar darüber bist, ob Dein Schlägerblatt offen oder geschlossen ist, und Du deshalb allerlei Ausgleichsbewegungen mit Deinen Händen machst.« Tiger musste dies zugeben. Butch schlug ihm vor, dieses Problem dadurch zu eliminieren, dass die Schwungebene verändert würde, sodass das Schlägerblatt in der Treffzone square an den Ball kommt. Mit seinen Händen könnte er dann dem Ball die gewünschte Flugkurve geben. Ich verzog mich in eine Ecke der Driving Range und schaute den beiden beim Training zu. Es war der Beginn einer wunderbaren Zusammenarbeit.

Tiger hat immer hingebungsvoll an seinem Spiel gearbeitet – er war zäh, mutig und mit dem Herzen dabei. Als er 8 Jahre alt war, sagte ich ihm, dass auch er die besondere Veranlagung hätte, die allen Großen des Sports eigen ist und die ihm immer

zum Vorteil gereichen werde. Er wusste sofort, was ich meinte, denn wir hatten schon darüber gesprochen, als wir Magic Johnson, Larry Bird und Kareem Abdul-Jabbar zuschauten und sahen, wie diese sich unter Druck bewährten. Schon sehr früh hatte Tiger das gleiche Phänomen gezeigt. Bei allen Turnieren hatte er beste Ergebnisse vorzuweisen, und es eilte ihm bald der Ruf voraus, ein ganz Großer zu werden. Seine Hypothek war, einer Minderheit anzugehören. Wie er sich dann aber unter schwierigen Bedingungen durchbiss, ließ wirklich Großes ahnen.

Tiger war sein ganzes bisheriges Leben lang auch ein Lehrer. Ich habe viel von ihm gelernt. Seine anfänglichen Demonstrationen im kleinen Kreis seiner unmittelbaren Umgebung haben sich inzwischen zu viel beachteten Veranstaltungen unter der Schirmherrschaft der Tiger Woods Foundation ausgewachsen. Er möchte dabei nicht nur zeigen, was man mit einem Golfball alles anstellen kann, sondern er will das Spiel in seiner Gesamtheit vermitteln. Er wird damit unserem Familienmotto gerecht, das da heißt: »Lass andere teilhaben an Deinem Glück.«

Ich hoffe, dass dieses mit Liebe geschriebene Buch Ihnen eine Welt für das Spiel eröffnet, wie sie Tiger für sich gefunden hat. Er vertritt die Ansicht, dass Golf und das Leben untrennbar miteinander verknüpft sind. Sie finden die Golfschwungtechnik en detail und werden staunen, was Tiger Ihnen noch zu sagen hat. Wenn Sie genau hinhören, werden Sie verstehen, wie ihm jede Zeile aus dem Herzen spricht. Ich bin sicher, seine Botschaft wird Sie erreichen.

– EARL WOODS, *Herbst 2001*

DANKSAGUNG

Mein Dank gilt *Golf Digest* und Warner Books
für die effiziente Zusammenarbeit, wodurch dieses
Projekt überhaupt erst möglich wurde.

Dank schulde ich zudem meinen Lehrern der
frühen Jahre: Rudy Duran und John Anselmo, Jay Brunza,
Butch Harmon, der seit 1993 mein Freund und Coach ist.
Nicht zu vergessen Steve Williams, der viele aufregende Runden an
meiner Seite stand und unvergessliche Augenblicke mit mir teilte,
sowie die *Golf Digest*-Redakteure Pete McDaniel und Guy Yocom,
und die Fotografen Dom Furore, Stephen Szurlej und Jim Moriarty.
In Dankbarkeit zu erwähnen habe ich auch meinen
Lektor bei *Golf Digest*, Roger Schiffmann,
sowie die Layouterin Judy Turziano.

EINES NACH DEM ANDEREN

❖ ❖ ❖

Golf ist eine Reise ohne Ende.

Bevor wir sie beginnen, sollten wir wissen,

wo wir vorher waren.

ALLER ANFANG IST SCHWER

LERNEN WOLLEN

Ich liebe Golf. Es ist zwar unerbittlich, belohnt uns aber mit jenen seltenen Augenblicken, in denen es uns sozusagen lächelnd zuzwinkert. Golf hat etwas Reines, Ehrenhaftes und ist unempfänglich gegenüber Schönrederei. Und schon gar nicht lässt es sich im Schnellschuss erobern. Man hat dem Spiel langsam und geduldig den Hof zu machen. Jedes andere Vorgehen führt zu Rückschlägen, die seit Jahrhunderten erwachsene Männer und Frauen zum Weinen bringen.

Gelegentlich beschert Golf aber auch Momente, in denen es uns glauben lässt, es packen zu können. Das ist dann der Beginn einer Liebesbeziehung, ist die Grundlage aller zukünftigen Hoffnungen. Sehr schnell aber wirft uns das Spiel in die raue Wirklichkeit zurück. Tatsächlich ist Golf nämlich kein Spiel der Verlässlichkeit. Und obwohl oder gerade weil das so ist, können wir davon nicht lassen.

Vernarrt in dieses Spiel bin ich seit der Zeit, als mir mein Vater zum ersten Mal – ich war noch ein Kleinkind – einen Schläger in die Hand gab. Da Einzelkind, wurden Schläger und Bälle meine Spielkameraden. Schon damals hat das Gefühl der Eigenverantwortung das Spiel für mich so attraktiv gemacht. Heute ist es nicht anders. Golf verlangt höchste persönliche Eigenständigkeit. Das Klischee, dass Golf ein Spiel gegen den Platz sei, ist nur zum Teil wahr. Vor allem ist es ein Spiel gegen sich selbst. Alles reduziert sich darauf, wie gut man sich kennt: seine Fähigkeiten, die persönlichen Grenzen, das Vertrauen in das eigene Können, und wie gut man sich unter Druck bewährt, einem Druck, der in den meisten Fällen übrigens selbst gemacht ist. Im Grunde kommt es darauf an, Herz und Kopf bei der Planung und Ausführung eines Schlages sinnvoll einzusetzen und bereit zu sein, jedes Ergebnis zu akzeptieren.

Golf ist ein großer Spiegel, der persönliche Eigenschaften ans Tageslicht bringt, die einem bisher unbekannt waren. Die Wahrheit ist oft hart, und es fällt schwer, sie zu akzeptieren.

Manchmal ist das Spiel wiederum so einfach, dass es kaum zu glauben ist. Jeder Schwung scheint natürlich und ungezwungen. Die Schläge gelingen wie vorausgeplant. Diesem Gefühl der Sicherheit folgt dann aber – wie gesagt – sehr schnell die Enttäuschung. Jeder Golfspieler hat das erlebt. Wer ehrlich mit sich ist, wird zugeben müssen, dass man sich zu keiner Zeit so richtig im Nirwana wähnen darf – dem Zustand der Unbesiegbarkeit. Immer befindet man sich auf einer Gratwanderung. Weder darf man sich auf den Lorbeeren ausruhen, noch gibt es im Golf die endgültige Perfektion. Gäbe es diese, bräuchten wir für eine Runde 18 Schläge und würden uns nach einer neuen Sportart umschauen. Ich habe eine 61 – mein bisher bestes Ergebnis im Turniergolf – in der 3. Runde der Pac-10-Meisterschaft gespielt und dabei am 14. Loch, einem Par 4, sogar ein Bogey hinnehmen müssen. Ich war damals Student im zweiten Jahr in Stanford.

Jung und voller Ungeduld

Von Anfang an wurde mir Golf als ein Spiel mit vielen Facetten beigebracht. Es ging keineswegs nur darum, den Ball zu schlagen, ihn zu finden und dann weiterzuspielen. Es war und ist ein nicht endender Lernprozess, bei dem ich Erfahrungen sammeln konnte, die ich heute für nichts eintauschen würde. Ich lernte die Bedeutung der Basics schätzen, ohne die Golf niemals gut zu spielen ist. Der Schläger zum Beispiel sollte im Rückschwung niemals die Linie zum Ziel kreuzen. Frühe Erfolge lehrten mich, Selbstvertrauen aufzubauen, was sich bei Wettkämpfen als großer Vorteil erwies. Natürlich war ich auf meine Pokale stolz, aber von Golflegenden wie Sam Snead ein Autogramm zu bekommen, war besonders »cool«.

Eines nach dem anderen

In der Nachmittagsrunde habe ich entschieden besser gespielt und dennoch vier Schläge schlechter gescored, wobei ich dieses Mal an der 15 ein Bogey fabriziert habe. Nur einmal erinnere ich mich, mein Spiel absolut unter Kontrolle gehabt zu haben. Das war, als ich auf meinem Heimatplatz in Orlando mit 59 Schlägen eine 13-unter-Par-Runde gespielt habe. Und dies, obwohl ich auf den zweiten Neun auf beiden Par 5 nur Par erreichte mit jeweils einem 3-Putt. Das Maximum, was wir von uns verlangen können, ist, unser Bestes zu geben, wohl wissend, dass keinesfalls alles gelingen wird.

Ben Hogan sagte einmal, dass er in seiner besten Golfwoche lediglich vier perfekte Schläge zu Wege gebracht habe. Ich kann da noch einen draufsetzen. Im Jahr 2000 habe ich weltweit 12 Turniere gewonnen, wobei drei davon Majors waren. Lediglich an einen einzigen Schlag kann ich mich erinnern, den ich als perfekt bezeichnen würde – ein Holz 3 auf der 14. Bahn des St. Andrews Old Course in der 3. Runde der British Open. Aus enger Lage musste ich auf ein 235 Meter entferntes Grün schlagen, das durch eine Reihe unangenehmer Potbunker wirkungsvoll verteidigt war. Es musste ein leichter Draw sein, und ich hatte zudem gegen Wind von links anzukämpfen. Wie bei jedem anderen Schlag auch versuchte ich, den Flug des Balls vor mein geistiges Auge zu bekommen und mir vorzustellen, wie der Ball nach der Landung reagieren würde. Weil es ein blindes Loch war, nahm ich als Ziel einen Kran im Hintergrund. Der Ball bewegte sich exakt auf der vorgedachten Linie, und das Ergebnis entsprach genau dem, was ich geplant hatte. Solche Erfolgsmomente bleiben einem immer im Gedächtnis und sorgen für eine positive Einstimmung, wenn man vor ähnlichen Aufgaben steht.

Ehrerbietung jenen gegenüber, die Golf in unserer Zeit so populär gemacht haben, ist Pflicht und Vergnügen zugleich.

Ich bin von Natur aus ein eher zurückhaltender Mensch und fühle mich auf dem Golfplatz wohler als sonst irgendwo. Wenn ich aber gewinne, machen mir selbst Pressekonferenzen nichts aus. Manchmal können sie sogar richtig Spaß machen.

Ganz selten ist es mir während der Runde einmal langweilig. Dann finde ich in dieser Übung, welche die Augen-Hand-Koordination schult, eine sinnvolle Ablenkung.

Als Student an der Stanford University war es oft mein Putter, der mir die gewünschten Erfolge sicherte.

Es hat eine Weile gedauert, bis ich verstanden habe, warum das Spiel an einem Tag läuft und an einem anderen überhaupt nicht. Tatsache ist, dass sich unser Körper jeden Tag in unterschiedlicher Verfassung befindet, und Golf setzt so viel Feingefühl voraus, dass schon geringe Abweichungen in unserer Befindlichkeit sich auswirken können. Ein oder zwei Grad Abweichung vom Normalzustand können drei bis sechs Meter Ungenauigkeit bedeuten. Immer wieder hat jeder von uns mit solchen frustrierenden Tagen zu kämpfen. Nie vergessen werde ich die Finalrunde der NCAA 1996 auf dem The Honors Course in Ooltewah, Tennessee. Ich hatte die gesamte Woche wirklich zu kämpfen, obwohl mir einige spektakuläre Schläge gelangen. Ich fühlte mich mit meinem Schwung einfach nicht wohl. Mein Schläger war eigentlich nie in der gewünschten Position, und überlebt habe ich nur, weil ich gut gechippt habe und praktisch jeden Putt versenkte. Irgendwie gelang es mir, den Ball während der meisten Löcher im Spiel zu halten, und mein Putter besorgte den Rest. In der Finalrunde allerdings kam der Zusammenbruch. Schon auf der Driving Range traf ich keinen Ball.

Aller Anfang ist schwer

Ich scheue mich nicht, die Freude über meine Erfolge durch emotionale Gesten zum Ausdruck zu bringen.

Enttäuschungen sind Teil des Spiels. Die Art, wie ich mit ihnen umgehe, hat mich zu einem erfolgreichen Wettkämpfer gemacht.

Aller Anfang ist schwer

Wenn so etwas gelegentlich passiert, muss man seine Erwartungen niedriger schrauben; dann kann es zwar sein, dass man unerwartet eine ganz ausgezeichnete Runde spielt. Dieses Mal war dem aber nicht so. Gott sei Dank hatte ich die ersten drei Runden richtig gut gescored und neun Schläge Vorsprung. Die 80 kostete mich daher nicht den Titel. Ich war mit einem blauen Auge davongekommen und fühlte mich mehr als Überlebender denn als Sieger.

Erfolg im Golf setzt voraus, dass man sein seelisches Gleichgewicht findet und akzeptiert, dass Golf ein Spiel ist, bei dem Erfolg und Misserfolg eng beieinander liegen. Man muss, wenn man den Ball auftet, jedes Mal etwas lernen wollen. Dieses Gleichgewicht zu finden ist eine Frage ständigen Experimentierens. Jeder muss für sich herausfinden, was für ihn am besten ist, und muss dann zielstrebig daran arbeiten, sein Potenzial so weit wie möglich auszuschöpfen. Der Unterschied zwischen Golf und den meisten anderen Sportarten ist, dass jeder mit durchschnittlicher Intelligenz und körperlichem Koordinationsvermögen ausgestattete Mensch lernen kann, gut Golf zu spielen. Es erfordert lediglich die Bereitschaft, sich bestmöglich einzusetzen, eine Voraussetzung, die ich von Anfang an mitbrachte. Auch ich begann als unbeschriebenes Blatt. Durch meinen Vater, meinen ersten Lehrer, wurden die vormals leeren Blätter sukzessive gefüllt. Alle mir zugänglichen Informationen habe ich buchstäblich aufgesaugt. Durch gezieltes Experimentieren fand ich heraus, was mir Vorteile verschaffte oder aber von Nachteil war. Noch wichtiger: Ich begann zu verstehen, womit ich am besten zurechtkam. Mein Vater war ein hervorragender Lehrer. Am nachhaltigsten hat sich mir sein Rat eingeprägt, immer ich selbst zu sein. Ich gebe dies an Sie weiter als die erste Lektion in diesem Buch, welches ich als Ausdruck größter Hochachtung meinen Eltern und ihren Erziehungsmethoden gegenüber schreibe.

In diesem Buch will ich Ihnen vermitteln, welche Erfahrungen ich in meinem bisherigen Leben – einem relativ kurzen, zugegeben – mit dem schönsten Spiel auf der Welt gemacht habe. Ich möchte Sie überzeugen von der großen Freude und Befriedigung, die gutes Golf für Sie bereithält. Ich glaube fest daran, dass es nichts Vergleichbares gibt. In mannigfacher Weise spiegelt Golf unseren Charakter in all seinen Schwächen und Vorzügen wider. Integrität ist erforderlich, und Kameradschaft ist ebenso Voraussetzung wie ein gesunder Körper und ein Gespür für Eleganz und Ästhetik. Golf ist mehr als ein gut getroffenes Eisen oder ein eingelochter Putt. Kein Spiel der Perfektion, sondern etwas sehr Realistisches. Es lehrt uns, mit beiden Beinen auf dem Boden zu stehen und nicht irgendwo in einem Wolkenkuckucksheim zu agieren.

Golf erfordert Geduld und Ausdauer. Keine Schnellschüsse. Mein Vater sagte immer, dass man nur das zurückbekommt, was man vorher investiert hat. Als ich 1998 mit meinem Lehrer Butch Harmon meinen Schwung sozusagen generalüberholte, musste ich gelegentlich eine einzige Bewegung 30 Minuten lang wiederholen. Ich wurde dabei so müde, dass ich glaubte, mir fallen die Arme ab. Aber ich hielt so lange durch, bis ich die Bewegung automatisiert hatte und sie praktisch zu jeder Zeit abrufen konnte. Ausdauer beim Üben zahlt sich einfach aus.

Eines nach dem anderen

Mein Wissen weitergeben

In meinem Leben waren meine Eltern stets meine besten Lehrer. Sie haben mich unterstützt, wo sie nur konnten. Sie waren immer zur Stelle, wenn es für mich galt, mit den obligatorischen Schwierigkeiten eines Jugendlichen fertig zu werden. Immer hatte ich volles Vertrauen in sie. Anderen das Golfspielen zu vermitteln ist eine ähnliche Aufgabe wie Kinder groß zu ziehen. Ich versuche in diesem Buch, Ihnen alles Wichtige auf Ihren Golfweg mitzugeben. Für mich ist es nur logisch, mein Wissen weiterzugeben, weil ich selbst von dieser Vorgehensweise profitiert habe.

Die Ratschläge eines erfahrenen und gut meinenden Lehrers sollte man sich immer zu Nutze machen.

Eines nach dem anderen

Anderen etwas zurückzugeben von dem, was mir geholfen hat, ist nur recht und billig jenen gegenüber, die mich unter ihre Fittiche genommen haben.

Und so wird es sich für Sie lohnen, die Technikanleitungen in diesem Buch aufmerksam zu studieren – Techniken, von denen jeder profitieren kann, wenn er sich ernsthaft mit dem Spiel auseinandersetzt. *Das Ganze ist etwas anders gegliedert als gewöhnliche Golfbücher. Wir fangen mit dem Spiel ums Grün herum an und arbeiten uns zum vollen Schwung mit dem Driver vor. So hat es mich mein Vater gelehrt: von den kleinen zu den großen Schwüngen.* Die Anweisungen sind für Spieler aller Alters- und Könnensstufen tauglich. Mentale Gesichtspunkte spielen eine Rolle und die rein körperlichen natürlich auch. In den Text eingestreut finden Sie meine ganz speziellen Tipps, die mein Spiel so nachhaltig verbessert haben.

Golf ist ohne Frage ein Spiel, das vom Lernen und Entdecken geprägt ist. Ich hoffe, dass mit der Lektüre dieses Buches auch Ihr Spiel neue Anreize gewinnt. Dass Sie physisch und psychisch stärker werden, dass Sie mit Druck besser umgehen können – dass sich das ganze Spiel für Sie freudvoller gestaltet. Denn Freude zu haben ist ja wohl das wesentliche Motiv, warum wir überhaupt spielen. Offensichtlich aber wird das immer wieder vergessen. Auch ich machte diese Erfahrung. Als Junior nahm ich in Miami am Orange Bowl teil. In Führung liegend, spielte ich in der Finalrunde auf den ersten neun Löchern ein Double Bogey. Ich lag damit zwar immer noch vorn, aber aus welchem Grund auch immer verlor ich plötzlich alle Lust und gab mich damit praktisch selbst auf. Ich wurde Zweiter und zog mich in die Schmollecke zurück. Mein Vater wies mich unbarmherzig zurecht. Das blieb das einzige Mal in meinem Leben, dass ich mich beim Golf aufgegeben habe. Seit diesem Vorfall habe ich begriffen, was es bedeutet, Golf spielen zu dürfen. Das habe ich nie mehr vergessen. Allein die Vorstellung, nicht mehr Golf zu spielen – undenkbar.

Den richtigen Lehrer zu finden und dann zielstrebig und hart zu arbeiten, das war die Voraussetzung, mein Spiel entscheidend zu verbessern.

Eines nach dem anderen

DAS KURZE SPIEL

Es war kein Zufall,

dass ich das Golfspielen von den Grüns zurück

zu den Abschlägen gelernt habe.

Als ich 1995 zum ersten Mal das Masters spielte – ich war damals noch Student in Stanford –, wurde ich auf dem 1. Grün mit einer überraschenden Situation konfrontiert.

·1·
ERFOLGREICH PUTTEN

»ROLLING THE ROCK«

Ich spielte 1995 zum ersten Mal das Masters und hielt mich für einen guten Putter. Wie für viele 20-Jährige gab es auch für mich keine Putts, die nicht machbar gewesen wären. Als Junior und College-Spieler konnte ich richtig niedrig scoren, wenn mein Putter heiß lief. Oft waren es nur 21 Putts für die 18 Löcher, und vor allem unter Druck schien es mir, als könne ich gar nicht vorbei-schieben. Die Entfernung zum Loch spielte dabei überhaupt keine Rolle. Ich sprach den Ball einfach an, und schon war er drin. Ich spielte aggressiv, voller Selbstvertrauen und hatte das »feine Händchen«.

Am Donnerstag bei Turnierbeginn kam dann das böse Erwachen. Am 1. Loch stand ich vor einem 6-Meter-Birdie-Putt. Für mich eine klare Angelegenheit. Es regnete und war nebelig, Voraussetzungen, welche die Grüns gewöhnlich langsamer machen. Eine innere Stimme riet mir, deshalb ein wenig härter zuzuschlagen, vor allem auch weil sich das Putting Grün für Masters-Verhältnisse langsamer als gewöhnlich gezeigt hatte. Ich war demnach auf eher aggressives Putten eingestellt. Ich traf den Ball genau richtig und beschleunigte den Schlägerkopf im Treffmoment bewusst ein klein wenig.

Der Ball war exakt auf der Linie und wurde zum Loch hin auch langsamer. Aber er kam nicht zur Ruhe. Er lief einen Meter über das Loch hinaus, hielt für einen Moment scheinbar an, um dann wieder Fahrt auf-zunehmen. Das Nächste, was ich festzustellen hatte, war, dass der Ball vom Grün hinuntergerollt war und selbst dann immer noch nicht anhielt. Plötzlich teilte sich die Reihe der Zuschauer, um dem Ball Platz zu machen. Als er endlich liegen blieb, war er weiter vom Loch entfernt als vorher, und ich war konfrontiert mit einem schwierigen Schlag zurück zur Fahne. Das alles war ziemlich schockierend für mich. Auch mein Mit-spieler, Vorjahrssieger José Maria Olazabal, sah das Ganze mit ungläubigen Augen. Obwohl innerlich leicht aus dem Gleichgewicht geworfen, war ich doch entschlossen, jetzt nicht unterzugehen. Ich chippte den Ball zurück, lag fünf Meter vom Loch und puttete zum Bogey. Mir wurde klar, dass ich noch viel zu lernen hatte.

Je mehr ich mich mit dem Putten beschäftige, desto mehr fasziniert es mich. Es fesselt mich heute genauso wie der volle Schwung. Deshalb halte ich mich so viel auf dem Putting Grün auf. Es macht mir einfach Spaß, an meiner Puttbewegung zu arbeiten. Das nie endende Bedürfnis, noch mehr »Touch« zu ent-wickeln, ist geradezu eine Leidenschaft, und vollends begeistert bin ich, wenn ich einen 15-Meter-Putt auf schnellen Grüns mit einem Doppelbreak totlegen oder gar einlochen kann. Innerlich bin ich eigentlich über-zeugt, dass ich jeden Putt einlochen kann. Ansichten eines 20-Jährigen! Mein Ziel, wenn auch unrealistisch, ist es, beim Putten jeden Tag mein Bestes zu geben.

Eine gute Methode zur Verbesserung des Gefühls ist das Putten mit geschlossenen Augen. Versuchen Sie dabei nach jedem Putt abzuschätzen, wie weit der Ball gerollt ist. Für mich gibt es keine bessere Übung zur Schulung des Distanzgefühls.

Der »richtige« Griff?

Wenn man sich die verschiedenartigen Griffhaltungen der amerikanischen Tour-Pros anschaut, kann man zu der Überzeugung kommen, dass es nur eine »richtige« Art und Weise, den Putter zu halten, nicht gibt. Vielleicht gibt es sie ja tatsächlich nicht. Das Wichtigste beim Putten, ob nun beim Griff, bei der Ansprechhaltung, beim Stand oder bei der Ballposition, ist, dass Sie sich wohl fühlen. Der Schlag selbst ist nicht besonders schwierig. Meine Hände bewegen sich beim Schwung kaum mehr als 30 Zentimeter zurück und vor. Meine Arme wesentlich weniger, der Körper noch weniger und der Kopf überhaupt nicht. Die erste Priorität für den Griff des Putters sollte daher sein, ein gutes Gefühl zu haben, alles muss bequem und entspannt sein.

Mein Putt-Griff entspricht in fast allen Punkten den konventionellen Vorstellungen. Wenn Sie in der Geschichte des Golfsports zurückschauen und dabei die Putt-Techniken der berühmten Spieler studieren, dann haben diese den Schläger ähnlich in Händen gehalten, wie ich das heute tue. Ich bin froh, dass ich solche Vorbilder hatte.

Mein Griff

Bei mir liegt der Griff des Putters, wie die Abbildung zeigt, unter dem Ballen des linken Daumens. Bei den meisten anderen Spielern geht er dagegen so durch die Handfläche, dass der Schaft parallel zum Unterarm verläuft. Mein Griff gibt mir mehr Gefühl und Bewegungsfreiheit in den Handgelenken, wenn ich diese benötige.

Das kurze Spiel

Die Griffstärke: Leicht ist genug

An einem Tag 1998 war ich mit Butch Harmon auf dem Putting Grün. Plötzlich sagte er zu mir: »Wenn Du den Putter noch etwas fester greifst, kannst Du den Griff abdrehen«, und lachte dabei. Ich glaube Butch immer, was er sagt, und tatsächlich hatte ich den Putter so fest gegriffen, dass ich beim Ansprechen das Blut in meinen Fingerspitzen förmlich abdrückte. Ich versuchte leichter zu greifen, aber es schien mir, als würde ich dadurch ein wenig an Kontrolle verlieren. Als Butch dann meinte, meine Griffstärke sei immer noch zu fest, war ich sichtlich irritiert.

Ein paar Tage später brachte er an meinem Putter ein Messgerät an. Ich sollte mit dem Ding putten, ohne dass das Gerät »piep« macht. Die ganze Zeit, während ich den Ball ansprach, gab das Gerät Töne von sich. Ich fasste den Putter nur noch ganz leicht an, um das Gerät endlich zum Schweigen zu bringen. Als ich dann puttete, zeigte das Gerät wieder lautstark an. Das war ganz schön stressig. Es dauerte eine ganze Weile, bis ich in der Lage war zu putten, ohne dass das Gerät anzeigte. Und es ging überraschenderweise ausgesprochen gut – mit dem leichten Griff.

Jetzt wollte ich Gewissheit, dass sich mit einem leichten Griff auch unter Turnierbedingungen besser putten ließe. Bei der Byron Nelson Classic im Frühjahr 1999 suchte ich Rat bei Ben Crenshaw, der wohl als der beste Putter aller Zeiten gilt. Ich fragte ihn, wie fest oder leicht sein Putt-Griff sei. Er sagte, dass er den Putter so wenig festhalte, dass er ihm förmlich aus der Hand falle. »Je leichter Du den Putter greifst«, sagte er, »desto besser ist Dein Gefühl für den Schlägerkopf.« Wenn Ben das sagte, sollte es auch für mich gelten. Also zwang ich mich, den Putter so leicht wie möglich in Händen zu halten. Es zahlte sich aus. Ich spielte eine 63 und 64 über das Wochenende und gewann das Turnier.

Wie leicht ist leicht?

Auf einer Skala von 1 bis 10 beträgt meine Griffstärke ungefähr 5. Das dürfte immer noch fester als bei Ben Crenshaw sein, für mich aber ist es ziemlich leicht, und ich stelle fest, dass sich mein Gefühl fürs Putten verbessert hat.

Wenn Sie Probleme haben, Distanzen richtig einzuschätzen, oder wenn bei kurzen Putts mit Breaks die Geschwindigkeit nicht stimmt oder wenn Sie den Putter nicht »im Griff« haben, überprüfen Sie immer als Erstes Ihre Griffstärke. Und glauben Sie mir, leichter ist in jedem Fall besser.

Die Ansprechhaltung

Beim Putten können kleine Dinge große Wirkung haben. Von allen wichtigen Faktoren kommt für mich der Ansprechhaltung die größte Bedeutung zu. Nicht nur die Körperwinkel spielen dabei eine Rolle – wie ich mich zum Ball stelle und aufs Ziel ausrichte –, sondern auch der Grad der Entspanntheit, den es zu erreichen gilt, bevor der Putter zurückgeschwungen wird.

Ich halte es für wichtig, relativ aufrecht am Ball zu stehen. Das schafft die bessere Gesamtschau, lässt die Linie zum Loch genauer erkennen. Zu weit nach unten gebeugt, ist dies nicht möglich. Auch können meine Arme lockerer herunterhängen, was das Gefühl des Bequemen fördert. Spannung kommt gar nicht erst auf. Die Arme haben mehr Raum, unbehindert zurück und nach vorn zu schwingen.

GUTE ANSPRECHHALTUNG

NICHT ZU WEIT VORBEUGEN

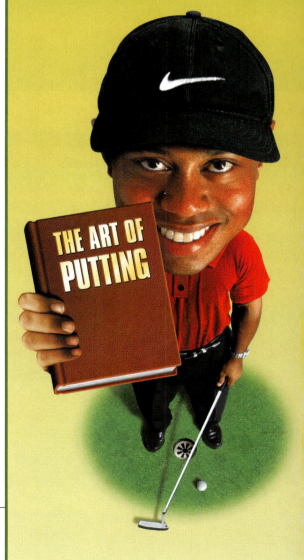

Viele Spieler scheinen zu akzeptieren, dass es beim Putten gute und schlechte Tage gibt und dass dagegen nichts zu machen ist. Tatsächlich zahlt es sich aus, wenn man sich in die Putt-Technik vertieft und viel, viel übt.

Ein bequemer Stand

Weil während des Puttens praktisch keine Bewegung der Beine und des Körpers stattfindet, ist die Standbreite in erster Linie eine Frage des persönlichen Wohlfühlens. Für manche Spieler ist ein breiter Stand Garant für Stabilität. Das Schwanken des Körpers wird verhindert. Andere wiederum sehen den Vorteil eines engeren Stands darin, dass sie aufrechter stehen und die Puttlinie besser identifizieren können. Ich habe im Laufe der Jahre meinen Stand immer wieder verändert und kann nur sagen, dass ich mit jedem Stand gut zurechtgekommen bin.

Erfolgreich putten

DIE AUGEN SIND SENKRECHT ÜBER DEM BALL.

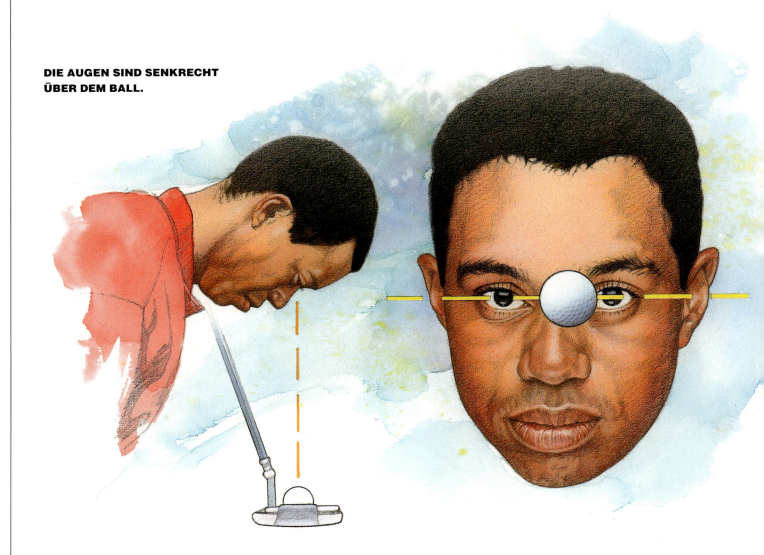

Die Position der Augen

Ausschlaggebend ist die Position Ihrer Augen in Relation zum Ball und zur Puttlinie. Wenn es mir nicht gelingt, den Ball korrekt aufs Ziel starten zu lassen, dann gibt es eine Reihe von Dingen, die ich überprüfe.

■ Ideal ist es, wenn ich meine Augen beim Ansprechen senkrecht über dem Ball habe. Daraus ergibt sich, dass ich im Stand den korrekten Abstand zum Ball eingenommen habe, dass meine Ansprechhaltung stimmt und ich eine verlässliche Sicht auf die gewünschte Puttlinie gewinne. Gelingt dieses Augen-Ball-Verhältnis nicht, ist die sozusagen zweitbeste Lösung, wenn ich meine Augen ein wenig innerhalb der Puttlinie habe. Sind mein Augen außerhalb, besteht die Gefahr, eine Reihe von Putts zu pullen, also links vorbei zu schieben, es sei denn, ich manipuliere meinen Schlägerkopf so, dass er wieder auf den korrekten Weg zurückfindet.

DIE AUGEN SIND PARALLEL ZUR PUTTLINIE AUSGERICHTET.

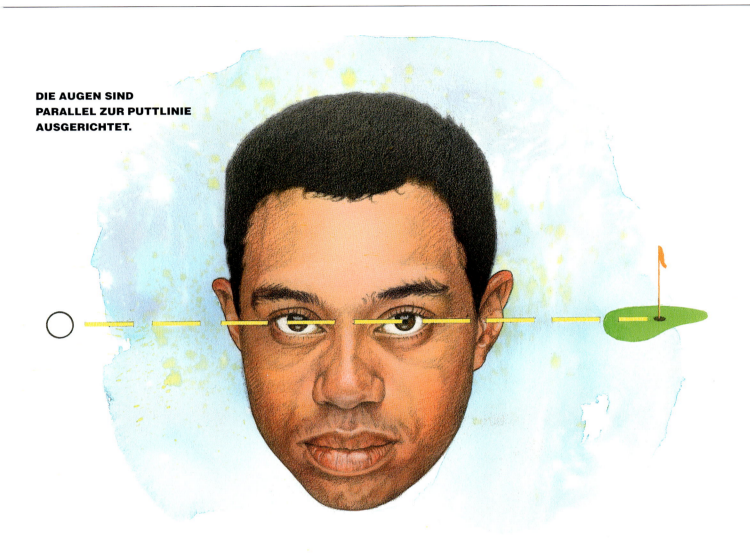

■ Es ist in Ordnung, wenn sich der Kopf und die Augen beim Ansprechen ein wenig rechts vom Ball – bei einem Rechtshänder wie ich – befinden. Tatsächlich dürfte dies gar nicht anders möglich sein bei einer Ballposition ziemlich weit vorn im Stand, wie es ja bei den meisten Spielern zu beobachten ist. Meine Augen befinden sich, wenn ich nach unten schaue, einige Zentimeter rechts vom Ball. Dies gestattet mir einen Blick in Richtung aufs Loch, was dem Zielen mit einem Gewehr ähnelt. In keinem Fall ist es gut, wenn sich Kopf und Augen vor dem Ball befinden, also näher zum Loch als der Ball.

■ Ich stelle in jedem Fall sicher, dass meine Augen beziehungsweise meine Augenlinie parallel zur Puttlinie ausgerichtet ist. Wenn ich meinen Kopf beim Ansprechen nach links oder rechts neige, auch wenn es nur ganz wenig ist, richte ich unbewusst meinen Putterkopf dahin aus, wohin meine Augen zeigen. Ein hilfreicher Trick für alle, die eine Schirmmütze tragen: Ich benutze die Vorderkante des Schirms als Bezugspunkt. Verläuft diese parallel zur Puttlinie, weiß ich, dass auch meine Augen parallel ausgerichtet sind – immer vorausgesetzt, dass ich meine Kappe gerade aufgesetzt habe!

Erfolgreich putten

Immer die gleiche Routine

Eine gute Puttbewegung zeichnet sich durch fließenden Rhythmus bei gleich bleibender Geschwindigkeit aus. Eines der Geheimnisse, dieses zuwege zu bringen, ist, alle anderen Dinge vorher in ähnlicher Weise ablaufen zu lassen. Ich spreche jetzt über die Ansprechroutine, also über eine Reihe von Vorbereitungen, die dem eigentlichen Schlag vorauszugehen haben. Ganz gleich, wie Ihre persönliche Routine aussieht – es gibt da ja alle möglichen Varianten –, wichtig ist, dass sie für jeden einzelnen Putt immer in der gleichen Weise abläuft.

Mein Gütesiegel ist, dass ich tatsächlich alles immer absolut gleich mache. Alles geschieht mit der gleichen

Meine Routine: (A) Generelle Einschätzung des Putts, wobei ich hinter dem Ball stehe. (B) Ich gehe aufs Loch zu und schaue mir die Linie von der Seite an, um die Neigung des Grüns zu erkennen. (C) Ich studiere das direkte Umfeld des Lochs. (D) Ich gehe zurück zu meinem Ball, bücke mich hinter ihm, um Länge und Break abzuschätzen. (E) Ich stehe am Ball und mache zwei Probeschwünge. (F) Ich setze den Putter hinter dem Ball auf und richte meine Füße entsprechend aus. (G) Noch einige Blicke aufs Loch und die Puttlinie. (H) Los geht's.

Das kurze Spiel

Geschwindigkeit, und auch meine gedankliche Vorbereitung ändere ich niemals ab. Ich bekomme so nicht nur alle Informationen, die ich für den eigentlichen Putt brauche, ich schaffe vor allem auch die geistige Voraussetzung für einen erfolgreichen Putt. Wenn ich dann zu putten beginne, bin ich sowohl körperlich als auch im Kopf bestens eingestimmt. Und genau das ist es, was eine gute Routine bewirken soll.

Meine Ansprechroutine beginnt mit einem sorgfältigen Studium der topographischen Gegebenheiten des Grüns.

■ Ist ein Teich in unmittelbarer Nähe, wird der Ball die Tendenz haben, in seine Richtung zu brechen.

■ Spiele ich auf einem Gebirgskurs, wird der Ball gewöhnlich weg vom höchsten Berg der Umgebung brechen.

Erst wenn diese allgemeinen Beobachtungen abgeschlossen sind, konzentriere ich mich auf die Puttlinie. Um das Spiel nicht zu verzögern, erledige ich meine Vorbereitungen immer schon, wenn meine Mitspieler noch putten.

Erfolgreich putten

Mit gleicher Geschwindigkeit zurück und vor

Schon in frühester Kindheit – ich war etwa 4 Jahre alt – hat mir mein Vater eingehämmert, den Putter beim Rück- und Vorschwung immer mit der gleichen Geschwindigkeit zu bewegen. Wenn Sie in einem Puttschwung eine schöne, fließende Bewegung ausmachen können, dann rührt diese von der konstanten und langsamen Geschwindigkeit während des gesamten Schwungs her. Gelingt es mir, der gesamten Puttbewegung einen harmonischen Rhythmus zu geben, ist es entschieden einfacher, den Schlägerkopf square und auf der gewünschten Linie zu schwingen. Mein Ziel ist es, dabei jede ruckhafte Bewegung, vor allem beim Vorschwung, zu vermeiden.

Die dominante Hand führt

Obwohl natürlich beide Hände daran beteiligt sind, den Putter in gleicher Geschwindigkeit zurück und wieder vor zu schwingen, kommt der dominanten Hand eine besondere Verantwortung zu. Sind Sie (wie ich) Rechtshänder, dann haben Sie sicher auch in dieser Hand mehr Gefühl als in Ihrer linken. Deshalb ist es eher diese Hand, welche die Impulse für eine harmonische Puttbewegung setzt und welche insbesondere die Geschwindigkeit regelt. Eine Kleinigkeit nur, aber immerhin.

Eine hilfreiche Übung: Ich putte viele Bälle nur mit meiner rechten Hand, um auf diese Weise zu kontrollieren, dass ich dem Ball dieselbe Geschwindigkeit mitgebe, wie ich sie mit beiden Händen erziele. Mein rechtes Handgelenk winkelt im Rückschwung ein klein wenig ab, kehrt aber im Treffmoment wieder in die Ausgangsposition zurück. Niemals aber darf mein rechtes Handgelenk nach vorn »brechen«. Denken Sie immer daran: Die Hände führen, der Schläger folgt ihnen nur nach.

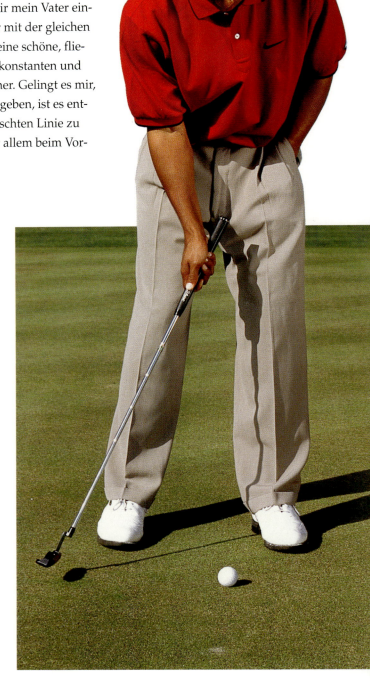

Das kurze Spiel

Der Putter fühlt sich, mit nur einer Hand gehalten, schwerer an als mit beiden Händen. Wenn Sie ihn sehr leicht greifen, spüren Sie, dass er fast von allein zurück und wieder vor schwingt. Der Einsatz der rechten Hand ist dabei minimal.

Erfolgreich putten

Welche technische Konzeption Ihr Putter aufweist, ist letztlich gleichgültig. Was wirklich zählt, ist ein Putter, der gut in der Hand liegt und Ihnen schon Vertrauen einflößt, wenn Sie ihn nur anschauen.

DAS IST EINE GUTE ANSPRECH-POSITION.

MEIN RÜCK-SCHWUNG GEHT ZU WEIT NACH INNEN – EIN ALLGEMEIN ZU BEOBACHTENDES PHÄNOMEN.

Das kurze Spiel

Der Weg des Schlägerkopfes

Wenn ich meinen Schlägerkopf square aufs Ziel ausgerichtet habe, dann ist es das Allerwichtigste, dass er im Treffmoment in die identische Position zurückkehrt. Am ehesten gelingt das, wenn Sie den Putter auf der gleichen Linie gerade zurück- und auch wieder gerade vorschwingen. Nach meiner Erfahrung ist das leichter gesagt als getan. Beim Üben auf dem Putting Grün sagte mir Butch eines Tages, dass ich den Putter nach innen zurückschwingen würde. Das war der Grund, warum ich zu dieser Zeit so schlecht puttete. Butch erklärte mir, dass dieser Fehler dazu führe, im Treffmoment ein wenig mehr Dampf zu machen in der Absicht, den Schlägerkopf wieder square zu bekommen. Dies aber führe generell zu Pulls nach links oder Pushes nach rechts, von effizienter Längenkontrolle gar nicht zu reden.

Mit einer kleinen Übung hatten wir das Problem schnell im Griff. Links neben mir stehend, legte Butch seinen eigenen Putter innerhalb und parallel zur Puttlinie auf den Boden. Bei jedem Rückschwung kollidierte ich mit seinem Schlägerkopf – ein Beweis dafür, dass ich nach innen zurückgeschwungen habe. Es kostete mich einige Anstrengung, bis es mir endlich gelang, den Putter gerade zurück zu bewegen. Sofort puttete ich besser.

Dieses gerade Zurück und Vor ist besonders wichtig bei kurzen Putts bis zu 2 Meter, bei denen der Ball nicht allzu hart getroffen wird. Bei längeren Putts, wenn die Schultern bewegt werden, um den Putter weiter zurückzuschwingen, ergibt sich ein leichtes Nach-innen-Schwingen sozusagen automatisch. Das ist in Ordnung. Dieses Weiter-Ausholen lediglich mit den Armen und ohne Schulterbewegung bewerkstelligen zu wollen, führt dazu, dass die Arme sich zu stark vom Körper separieren und sich damit zu weit von der Gerade-zurück-Linie entfernen.

BEI LÄNGEREN PUTTS GEHT DER SCHLÄGERKOPF LEICHT NACH INNEN WEG. ABER VORSICHT: ZU VIEL IST NICHT GUT.

Erfolgreich putten

DIE PUTTDISTANZ REGULIERE ICH DURCH DIE LÄNGE DES SCHWUNGS UND NICHT, INDEM ICH MIT DEN HÄNDEN MEHR GAS GEBE.

Sechs Regeln für erfolgreiches Putten

■ *Immer gleiche Länge beim Rück- und Vorschwung*
Eine wichtige Voraussetzung für Rhythmus und Ballgeschwindigkeit ist, dass Rück- und Vorschwung die gleiche Länge haben. Wenn ich einen 6-Meter-Putt mit nur geringer Ausholbewegung bewerkstelligen wollte, dann müsste ich ruckartig beschleunigen, um den Ball überhaupt ans Loch zu bringen, mit der Folge, dass der Vorschwung wesentlich länger ausfällt.

■ *Schultern und Arme machen die Arbeit*
Hauptantriebsquelle sind die Schultern und Arme. Sie agieren immer gemeinsam. Meine Arme sollen sich zu keiner Zeit unabhängig von den Schultern bewegen – eine Gefahr besonders beim Rückschwung. Meine Hände bleiben während der gesamten Bewegung passiv.

■ *Die Handgelenke winkeln nur ein wenig ab*
Nichts ist schlechter als nur aus den Händen heraus zu putten. Zu viel Bewegung wird dabei auf den Putterkopf übertragen. Handaktivität hat sich vor allem unter Druck nicht bewährt. Ich halte meine Hände und Handgelenke so inaktiv wie möglich.

Andererseits sollen meine Hände nicht wie eingefroren wirken. Wenn ich meinen Putter, wie es sein sollte, leicht in Händen halte, dann ergibt sich fast automatisch ein winziges Winkeln der Handgelenke. Besonders bei langen Putts, wenn eine größere Schwunglänge und höhere Schlägerkopfgeschwindigkeit gefragt sind, ist das so. Aber aufgepasst: Ich aktiviere meine Hände nur so weit, wie es absolut notwendig ist.

Das kurze Spiel

■ Arme und Hände agieren als Einheit

Mein Ziel ist es, dass mein Unterarm und der Schaft meines Putters eine durchgehende gerade Linie bilden. Um dies zu erreichen, muss ich beim Ansprechen lediglich meine Handgelenke ein wenig nach unten abwinkeln. Den Winkel, der normalerweise zwischen Schaft und Unterarmen besteht, aufzulösen bringt den Vorteil, dass der Putter exakt das tut, was ihm meine Arme während des Schwungs vorschreiben. Die Idee dahinter ist, unerwünschte Winkel und Hebel auszuschalten, damit der Schlag quasi aus einem Guss erfolgen kann.

■ Den Kopf ruhig halten

Jeder gute Putter hält seinen Kopf von Anfang bis zum Ende des Schlags absolut ruhig. Wenn ich meinen Kopf auch nur ein ganz klein wenig bewege, ist es fast unmöglich, den Schlägerkopf auf der gewünschten Linie zu halten. Auch der Ball wird nicht genau getroffen. Mehr als zulässig werden sich meine Schultern bei der Vorwärtsbewegung öffnen, was dazu führt, dass der Schlägerkopf in einer Bewegung von außen nach innen den Ball trifft. Beim Üben konzentriere ich mich deshalb immer wieder darauf, den Kopf absolut ruhig zu halten, bis der Ball das Schlägerblatt verlassen hat.

■ Nicht zu früh nachschauen

Möglicherweise geht es Ihnen wie mir. Ich kann es kaum erwarten, dem Ball hinterherzuschauen, um zu sehen, ob er sich auf der richtigen Linie befindet. Zu frühes Nachschauen aber hat eine Reihe negativer Konsequenzen. Ich bewege den Kopf und treffe den Ball schlechter. Aber nicht nur das. Wenn ich zu früh kontrollieren will, wohin der Ball rollt, lenke ich mich zwangsläufig von der eigentlichen Aufgabe ab, nämlich den Putter genau auf der Puttlinie zu bewegen.

Ich habe eine Methode gefunden, gegen diese Untugend anzugehen. Ich schließe beim Üben das linke Auge. So kann ich überhaupt nichts von der Puttlinie sehen. Das macht es wesentlich einfacher, nur gerade nach unten zu schauen.

Erfolgreich putten

Niemals hölzern agieren

Beim Putten bedarf es des feinen Händchens. Zum wirklichen Gefühl für Geschwindigkeit gehört, dass der Schwung fließend-harmonisch abläuft und eine ganz natürliche Bewegung ist. Agiere ich wie ein Roboter, hölzern und mit allzu mechanischer Bewegung, kann ich Distanzen erfahrungsgemäß nicht gut einschätzen, vor allem nicht bei längeren Putts.

Weg frei für die Putterspitze
Wenn ich meinen linken Arm beim Vorschwung nah am Körper halte, hat der Schlägerkopf die Tendenz, nach dem Treffmoment nach links zu drehen, die Putterspitze überholt das untere Ende (die Ferse) des Putters. Diese natürliche Tendenz akzeptiere ich. Wichtig ist nur, dass sich die Schlagfläche im Treffmoment square zur Puttlinie befindet. Und dies gelingt am ehesten, wenn die Puttbewegung fließend und ohne Hektik erfolgt.

Den Schlägerkopf nicht auf die Ziellinie zwingen
Einige Spieler wollen unter allen Umständen Pushes und Pulls vermeiden, was sie dadurch zu erreichen suchen, dass sie den Schlägerkopf noch lange nach dem Treffen des Balls square aufs Ziel zuführen. Das ist alles andere als eine natürliche Bewegung. Es fördert überhaupt nicht das square Treffen des Balls, ebenso ist es schier unmöglich, mit dieser Technik dem Ball die jeweils richtige Geschwindigkeit mit auf den Weg zu geben.

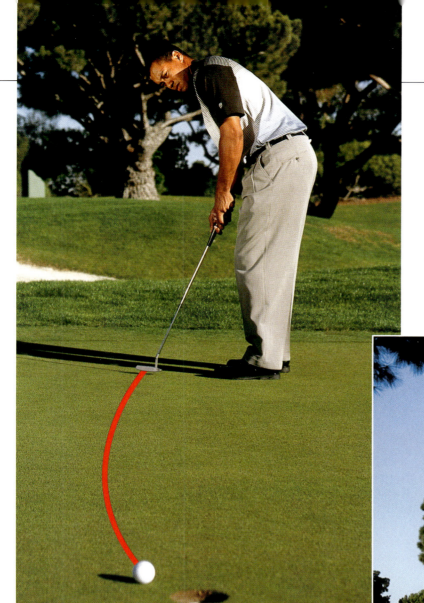

Der Putt von links nach rechts: Der Schlüssel zum Erfolg für diesen Putt liegt darin, den Putter freizugeben, ihn im Treffmoment frei durch den Ball rotieren zu lassen. Das ist schwieriger als es klingt. Die Tendenz ist nämlich, nach dem Treffmoment den Schlägerkopf sich nach rechts (in Richtung aufs Loch) bewegen zu lassen mit dem Ergebnis, dass man an der unteren Lochkante vorbeischiebt. Halten Sie Ihren Kopf ruhig, vertrauen Sie Ihrer Puttlinie und lassen Sie Ihren Putter natürlich durch den Ball rotieren.

Wenn der Ball »bricht«

Der Putt von rechts nach links: Die meisten Rechtshänder spielen lieber Putts mit einem Break von rechts nach links. Die Arme und Hände bewegen sich dabei nach dem Treffen des Balls nach außen, weg vom Körper. Das ist der etwas natürlichere Schlag, als wenn man die Arme nach dem Treffmoment nach innen zieht, quasi auf den Körper zu.

Erfolgreich putten

Einen langen Putt tot ans Loch legen

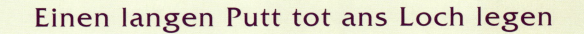

Wirklich lange Putts zum Loch zu haben akzeptiere ich nur, wenn ich ein Par 5 mit zwei Schlägen erreicht habe. Trotzdem habe ich während jeder Runde mindestens einen etwa 12-Meter-Putt, und dies nicht auf einem Par 5. Das Ziel muss jetzt sein: kein 3-Putt. 3-Putts sind tödlich, von 4-Putts ganz zu schweigen. Wie oft musste ich solche vor allem als Kind hinnehmen. Stolz allerdings kann ich sagen, dass ich noch nie einen 5-Putt brauchte.

Mein Ziel ist es, den ersten Putt tot ans Loch zu legen. Nur noch ein Antippen soll der zweite Putt sein. Das Ziel ist nicht immer leicht zu erreichen, aber es ist doch relativ selten, dass der Putt so schwierig ist, dass mir das Totlegen nicht gelingt. Ein Negativ-Beispiel: Bei dem Masters in Augusta National ist die Fahne des 17. Lochs am Sonntag sehr oft in der linken Grünhälfte gesteckt. Dieser Teil des Grüns hängt gewaltig von links nach rechts. Wenn der Annäherungsschlag auf der linken Grünhälfte landet, vergiss das Ganze. Es ist unmöglich, den ersten Putt – außer man locht ihn – näher als 2,5 Meter an die Fahne zu legen.

◄ *Mein Rück- und Vorschwung haben dieselbe Länge.*
Das ist die beste Voraussetzung für einen rhythmisch-fließenden, gefühlvollen Schwung. Ist der Vorschwung ein wenig länger als der Rückschwung, so ist das zu akzeptieren. Ist er dagegen kürzer, habe ich mit Sicherheit den Putter im Treffmoment verlangsamt – eine Todsünde.

▲ *Ich mache einige Probeschwünge und schaue dabei aufs Loch.*
Konzentration ist jetzt wichtig. Vor meinem geistigen Auge sehe und spüre ich, wie weit ich ausholen muss, um dem Ball die nötige Geschwindigkeit zu geben.

◄ *Ich schwinge den Putter mit derselben Geschwindigkeit zurück und vor.*
Es ist wichtig, dass der Putter im Treffmoment beschleunigt. Wenn ich spüre, dass der Schlägerkopf auf seinem gesamten Weg immer dieselbe Geschwindigkeit hat, bin ich ganz sicher, im Treffmoment zu beschleunigen. Ich brauche dann daran überhaupt nicht mehr zu denken.

▼ *Ein langer Putt ist selten total gerade.*
Wenn ich auf das Grün zugehe, achte ich sehr genau darauf, welche Seite höher ist. Muss ich also bergauf oder bergab putten?

▲ *Ich sehe mir die letzen 1,5 Meter vor dem Loch genau an.*
Wie der Ball in unmittelbarer Nähe des Lochs rollen muss, ist von entscheidender Bedeutung.

◀ *Unter allen Umständen treffe ich genau.*
Wenn ich den Sweet Spot um nur 1 Zentimeter verfehle – was leicht möglich ist, wenn man einen besonders langen Putt vor sich hat –, kann man schnell 3 Meter oder mehr an Länge verlieren.

◀ *Den Break nicht vergessen!*
Ich kann die Geschwindigkeit des Putts perfekt einschätzen. Wenn ich aber den Ball 1 bis 2 Meter links oder rechts am Loch vorbeischiebe, habe ich mir keinen Gefallen getan.

▲ *Putte ich mit oder gegen das Gras?*
Wenn ich mit der Wuchsrichtung des Grases putte, muss ich einkalkulieren, dass der Ball länger als gewöhnlich ausrollt.

◀ *Wenn ich auf einem Stufengrün putten muss, unterteile ich den Putt in zwei Abschnitte.*
Wichtig ist, dass der Putt beim Hinunterputten an der Kante genau mit der richtigen Geschwindigkeit ankommt, und umgekehrt, dass er beim Aufwärtsputt noch so viel Fahrt hat, um bis zum Loch zu rollen.

TIGERS ERFOLGSGESCHICHTE
Richtig hinschauen zahlt sich aus

Der Putt, an den ich mich in meiner Karriere am besten erinnere, war ein 10-Meter-Putt, den ich im Pumpkin Ridge versenkte und damit meine dritte US-Amateur-Meisterschaft hintereinander gewann. Im 36-Loch-Finale gegen Steve Scott war ich eins down bei noch zwei zu spielenden Löchern. Meine Annäherung an der 17 war nicht überragend, sodass mir ein 10-Meter-Birdie-Putt blieb. Ich studierte die Puttlinie sehr sorgfältig und war mir sicher, dass der Ball etwa 10 Zentimeter nach rechts brechen würde. Selten war ich so überzeugt, dass der Ball genau diesen Weg nehmen würde. Im Treffmoment wusste ich sofort, dass ich ihn exakt auf die gewünschte Linie gebracht hatte; und als er fiel, war ich natürlich überglücklich, aber nicht wirklich überrascht. Mehr ist dazu eigentlich nicht zu sagen, außer dass es sich eben auszahlt, ein Grün richtig lesen zu können.

Grüns zu lesen ist eine Wissenschaft, weil eine Reihe ganz handgreiflicher Faktoren zu berücksichtigen sind, wie etwa die Neigung des Grüns oder die Art des Grases, auf dem man puttet. Aber Putten ist auch eine Kunst. Nachdem ich schon auf der ganzen Welt gespielt habe, stelle ich fest, dass es gewaltige Unterschiede geben kann bei der Anlage von Grüns, den Wetterbedingungen, der Pflege und dem aktuellen Zustand von Plätzen. Alles das hat Einfluss darauf, wie der Ball rollt. Dazu ein paar generelle Regeln:

■ *Am Morgen schnell, später langsam.* Gras wächst schnell – so schnell, dass der gleiche Putt, einmal um 8 Uhr und einmal um 17 Uhr gespielt, nachmittags wesentlich langsamer ist. Wie

mit allen Regeln, auch hier gibt es Ausnahmen. Als ich 2000 die US Open in Pebble Beach gewann, wurden die Grüns mit Fortschreiten des Tages immer schneller. Morgens waren sie feucht und damit langsam; als dann aber der Wind auffrischte, wie das in Pebble Beach regelmäßig der Fall ist, trockneten die Grüns aus und wurden erheblich schneller.

■ *Auf die Wuchsrichtung kommt es an.* Gras wächst nicht senkrecht nach oben, es tendiert stets in die eine oder andere Richtung. Die Wuchsrichtung ist heutzutage nicht mehr ganz so entscheidend, weil die Grüns immer sehr kurz gemäht sind. Dennoch, vergessen sollte man sie nicht, vor allem dann nicht, wenn es sich um Bermudagras handelt. Achten Sie auf Folgendes: Die Richtung, in der das Grün glänzt, ist die schnellere, weil hier das Gras von einem weg wächst. Ist die Fläche stumpf, wächst einem das Gras entgegen, und der Ball wird langsamer. Generell gilt: Das Gras wächst immer in Richtung der untergehenden Sonne.

■ *Windeinflüsse.* Bei Geschwindigkeiten von mehr als 25 km/h seien Sie auf der Hut. Der Golfball, der ja nur etwa 45 Gramm wiegt, kann vom Wind sehr wohl beeinflusst werden.

■ *Der Ball rollt zum Wasser.* Ist ein Teich in der Nähe des Grüns, können Sie darauf wetten, dass der Ball im Zweifelsfall in seine Richtung bricht.

■ *Das Geheimnis der Berge.* Auf einem Gebirgsplatz können merkwürdige Dinge passieren. Putts, die völlig gerade erscheinen, brechen, und niemand weiß warum. Eine Hilfe: Schauen Sie auf den höchsten Berg in der Umgebung; die Bälle laufen vorrangig von ihm weg.

Die Welt verkleinern

Vor einigen Jahren begann ich, meine Hände über die Augen zu halten, während ich die Puttlinie studierte. Der Grund ist nicht, auf diese Weise mehr, sondern eher weniger zu sehen. Auf der amerikanischen Tour begleiten mich stets große Zuschauermengen, und entsprechend groß ist die Unruhe, was mich ablenkt. Wenn ich aber mit meinen Händen eine Art Tunnel bilde, kann ich mich viel besser auf meine Puttlinie konzentrieren.

Wahrscheinlich spielen Sie gewöhnlich nicht vor einem so großen Publikum, aber dennoch gibt es Ablenkung genug. Wagen fahren umher, die Mitspieler bewegen sich auf dem Grün und vieles mehr. Wenn es da für Sie schwierig ist, sich zu konzentrieren, versuchen Sie meinen Tunnelblick. Sie sind dann besser auf das Loch fixiert und lochen mehr Putts ein.

Erfolgreich putten

✦2✦
SCHLÄGE SPAREN RUND UMS GRÜN

AUS DREI MACH ZWEI

Niemals habe ich mehr Druck gespürt als damals, als unser Western High School Team gegen unseren Erzrivalen in der Stadt spielte. Es ging um die regionale Meisterschaft. Schauplatz war der Los Coyotes Country Club in Buena Park, eine wunderschöne Anlage, die auch schon Gastgeber der amerikanischen Damen-Tour war. Der Austragungsmodus auf der High School ist Zählspiel über neun Löcher. Jeder Schlag war wichtig. Ich spielte gut und kam mit 4 unter zum letzten Loch. Das Match insgesamt war sehr eng. Als ich sah, wie sich unser Coach und alle Spielerkollegen um das 9. Loch, ein Par 3, versammelten, war mir klar, dass es jetzt wohl an mir hing, ob wir gewinnen oder verlieren würden.

Mein Abschlag segelte über das Grün, und ich hatte einen nicht allzu schwierigen Pitch bergab aus dem Semirough. Die Balllage war gut. Mit einem hoch fliegenden Flop-Schlag sollte das Par durchaus machbar sein. Ich wollte den Ball sanft landen lassen, so dass er nah am Loch zur Ruhe käme. Mit einem Par wäre der Sieg unser gewesen. Ich wählte einen Sand Wedge und sprach den Ball mit offenem Schlägerblatt und Stand an. Nachdem ich tief durchgeatmet hatte, machte ich einen Erfolg versprechenden Rückschwung, traf den Ball wie vorgesehen von außen nach innen und – der Ball blieb liegen, wo er war. Die Lage des Balls war *zu* gut gewesen. Das Schlägerblatt war glatt unter dem Ball durchgegangen.

Was folgte, war ein Schlag, der viel schwieriger war, denn der Ball war jetzt deutlich im Rough versunken. Mein Ärger war gleichzeitig Motivation. Ich machte alles genauso wie vorher und spielte den hoch fliegenden, riskanten Flop und – lochte ein. Mein Par rettete unserem Team den Titel.

Zwei Erfahrungen nahm ich an diesem Nachmittag mit nach Hause, Regeln, die mir mein Vater über die Jahre immer wieder in den Kopf gehämmert hatte. Die erste ist, dass ein gutes kurzes Spiel den Score retten kann, ganz gleich, wie schlecht das lange Spiel ist. Der zweite Punkt hängt mit dem unterschlagenen Ball zusammen. Dieser Fehlschlag, bei dem ich die Balllage einfach nicht richtig eingeschätzt hatte, machte mir klar, dass ich niemals mein volles Potenzial erreichen würde, wenn ich nicht auf ein wirklich verlässliches kurzes Spiel bauen konnte.

Sie werden sehen, es gibt mehr Lust und Frust im Spiel als Sie glauben.

Die Statistik sagt alles

Im Jahr 2000 war ich alles andere als erfolglos. Alles in meinem Spiel hatte funktioniert. Weil ich offensichtlich keine besonderen Schwächen hatte, gewann ich acht Turniere, davon drei Majors, war der Preisgeld-Gewinner, gewann die Vardon Trophy für den niedrigsten Rundendurchschnitt und wurde als Spieler des Jahres gekürt. Es war mein kurzes Spiel, das an diesen Erfolgen maßgeblichen Anteil hatte.

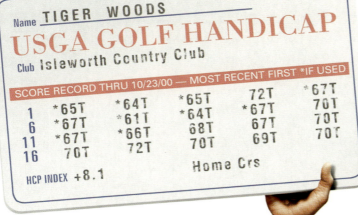

Ich lag an erster Stelle im Treffen der Grüns. Rein statistisch traf ich von vier Grüns mehr als drei in der vorgegebenen Weise. Daraus ergab sich für meine Annäherungen eine Trefferquote von fast 14 Grüns pro Runde. Mein bester Durchschnitt überhaupt. Zudem war ich Bester beim Putten. Da sagt die Statistik wirklich einiges aus. Weil ich viele Grüns traf und viele Putts lochte, habe ich natürlich auch viele Birdies gespielt.

In der Kategorie »Par retten«, in der ich insgesamt Dritter wurde, zeigt sich, wie wichtig das kurze Spiel tatsächlich ist und wie entscheidend es den Score beeinflusst. Wenn ich das Grün nicht traf, spielte ich dennoch Par oder sogar besser in 67,1 Prozent aller Fälle. Wenn ich also vier Grüns pro Runde nicht wie vorgegeben traf, rettete ich auf zwei der verbliebenen Grüns doch noch das Par und scorte in zwei Fällen sogar noch besser. Und dies aus allen nur denkbar schwierigen Lagen, die es um die Grüns herum nun einmal gibt. Wenn ich hier schlecht gewesen wäre, hätte ich weniger Turniere gewonnen, die Vardon Trophy sowieso nicht, und hätte viel Geld verloren.

Das kurze Spiel

Der Basic-Chip: nichts Schwieriges

Eine gute Chip-Technik ist mehr als die halbe Miete. Und ein solides Können braucht man schon, wenn man erfolgreich bergauf und bergab chippen will, wenn die Schläge lang oder kurz sein sollen oder aus guter oder schlechter Balllage erfolgen müssen. Manche Chips ums Grün herum sind schwieriger, manche weniger schwierig, alle Schläge aber erfordern die gleiche, aber relativ einfache Technik.

■ Meine Hände befinden sich leicht vor dem Ball.

■ Ich greife den Schläger wie meinen Putter. Viel Handeinsatz gibt es bei meinem Chip nicht.

■ Ich lehne mich ein wenig in Richtung zum Ziel. Das fördert den steileren Winkel beim Treffen des Balls.

■ Um Extrakontrolle zu haben, greife ich den Schläger möglichst kurz.

■ Meine Knie sind leicht gebeugt. Sie sorgen für Beweglichkeit im Unterkörper.

■ Mein Stand ist eng. Ein breiter Stand ist jetzt nicht notwendig.

■ Die Lage meines Balls ist leicht rechts von der Mitte. Auch das fördert den steileren Eintreffwinkel.

Schläge sparen rund ums Grün

Den Schlag »sehen«, bevor Sie ihn spielen

Der Chip erfordert genauso wie der Putt ein gerüttelt Maß an Vorstellungskraft. Ich bemühe mich um entschieden mehr als nur zu »sehen«, was der Ball nach seiner Landung auf dem Grün wohl machen wird. Schwieriger noch als die korrekte Richtung ist es, die exakte Länge einzuschätzen. Mir hilft dabei, dass ich einen Landepunkt wähle und mir vorzustellen versuche, wohin der Ball rollen wird.

Vorbereitung

■ Ich greife den Schläger leicht und stelle sicher, dass ich in den Armen entspannt bin.

■ Mein Stand ist offen. So sehe ich das Ziel besser. Außerdem ergibt sich daraus eine gewollt eingeschränkte Bewegungsfreiheit der Arme und Schultern.

■ Ich halte mein Kinn hoch und den Rücken gerade. Bei vielen der weniger guten Chipper kann man beobachten, dass sie sich zu sehr über den Ball beugen.

■ Beim Ansprechen halte ich den Schläger besonders leicht.

Einfach zurück und vor – 1 und 2

Die Chip-Technik ist einfach. Es ist eine 1–2-Aktion, die mehr aus den Schultern heraus erfolgt als aus den Armen und Händen. Viel Kraft ist nicht vonnöten. Ich will vor allem einen soliden Ballkontakt.

■ Ich starte meinen Rückschwung aus den Schultern und lasse die Arme und Hände einfach nur folgen. Meine Arme dürfen sich nicht zu weit vom Körper entfernen. Ich achte auf das Tempo; weder im Rück- noch im Vorschwung bedarf es einer Beschleunigung.

■ Größtes Augenmerk lege ich auf den steilen Eintreffwinkel des Schlägers auf den Ball. Den Ball »löffeln« zu wollen ist eine Todsünde – dass der Ball in die Luft geht, dafür sorgt der Loft des Schlägers.

■ Mag die Ausholbewegung auch kurz sein, es wird daraus kein betont hartes Zuschlagen. Ich bemühe mich um eine fließende Bewegung.

■ Ein guter Schwunggedanke ist, die Arme wieder dorthin zurückkehren zu lassen, wo sie beim Ansprechen waren. Das bedeutet, dass meine Hände immer vor dem Ball bleiben. Niemals löffeln!

■ Meine Augen fixieren die Rückseite des Balls. Auch noch nach dem Treffen sind meine Augen darauf gerichtet.

Schläge sparen rund ums Grün

Der größte Fehler: »brechende« Handgelenke

Dieser Fehler bedarf einer gesonderten Behandlung, denn er ist der schlimmste und leider Gottes auch der am meisten zu beobachtende beim Chippen überhaupt. Er beruht auf dem Versuch, den Ball durch aktiven Handgelenkeinsatz in die Luft zu befördern. Warum das geschieht, ich weiß es nicht. Vielleicht ist es die Angst vor dem Schlag oder der bewusste Versuch, den Ball hoch fliegen zu lassen. Wie auch immer, der Schlägerkopf wird dabei durch den Ball gejagt, sodass die Arme und Schultern nicht mehr mitkommen. Als Folge kann vieles passieren: Man kann einen »Hack« machen, den Ball viel zu dünn treffen, ihn zu hoch oder zu flach spielen.

Abhängig von der Länge des Schlags ist es in Ordnung, wenn die Handgelenke beim Rückschwung ein wenig abwinkeln. Beim Vorschwung aber übernehmen die Hände die Führung und halten den Schlägerkopf so lange zurück, wie es geht. Wenn Sie frühzeitig entspannen und die Vorwärtsbewegung aus den Schultern heraus spielen, können sich Ihre Handgelenke ganz natürlich entwinkeln, ohne dass Sie bewusst agieren müssen.

WENN MEIN LINKES HANDGELENK »GEBROCHEN« IST, KANN ICH DEN SCHLAG VERGESSEN.

Das kurze Spiel

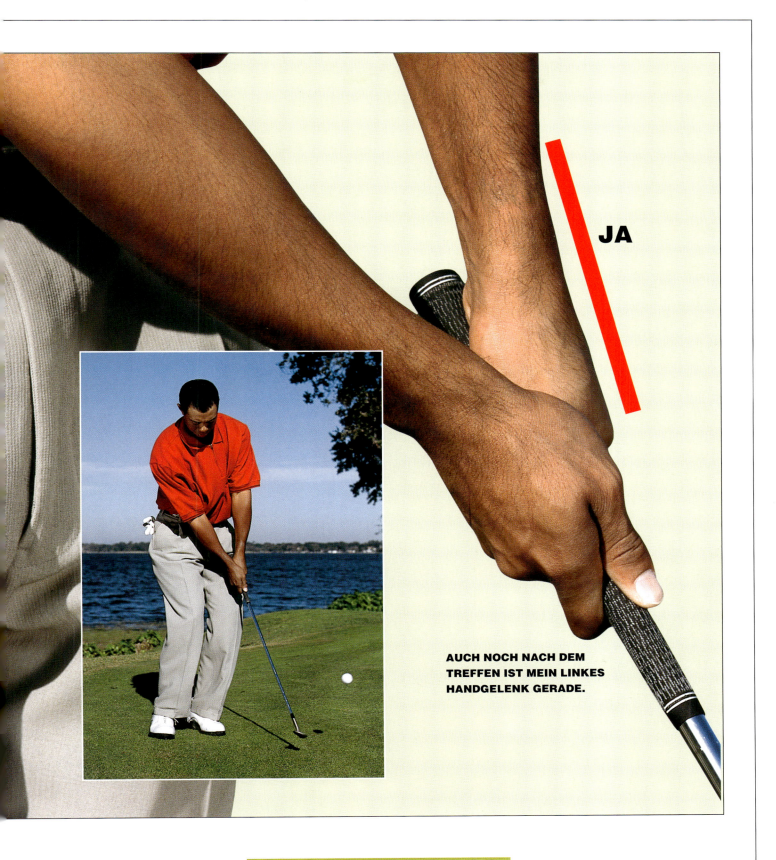

JA

AUCH NOCH NACH DEM TREFFEN IST MEIN LINKES HANDGELENK GERADE.

Schläge sparen rund ums Grün

TIGERS ERFOLGSGESCHICHTE
Den richtigen Schläger wählen

Bei Chip-Künstlern kommen ums Grün herum die unterschiedlichsten Schläger zum Einsatz. Sie machen sich die in die Schläger »eingebauten« jeweiligen Flugbahnen und -längen zu Nutze und versuchen nicht, die Probleme nur mit einem einzigen Schläger zu lösen. Wenn es ein Chip sein muss, der länger rollen als fliegen soll, dann sollten Sie einen Schläger mit weniger Loft – etwa ein Eisen 7 – wählen. Kürzere Chips können mit allen Schlägern bis zum 60° Sand Wedge gespielt werden.

Wahrscheinlich haben Sie wie ich einen Lieblingsschläger fürs Chippen. Meiner ist ein 56° Sand Wedge. Bei dem Eine-Million-Dollar-Turnier 1998 in Südafrika kam es zwischen Nick Price und mir zu einem höchst spannenden Zweikampf. Wir hatten beide niedrig gescored und uns vom restlichen Feld abgesetzt. Von einem bestimmten Zeitpunkt an hatte Nick auf den letzten neun Löchern fünf Birdies hintereinander gespielt, ich hingegen nur vier auf diesen fünf Löchern, hatte dafür aber das nächste wiederum eins unter gespielt. Vor dem letzten Loch lag ich einen Schlag hinter ihm.

Nick traf das Grün, ich nicht, obwohl ich näher zur Fahne lag als er. Er machte seinen 2-Putt zum Par, und es lag jetzt an mir einzulochen, um damit wenigstens das Play-off zu erreichen. Gelänge dies nicht, konnte ich die lange Heimreise antreten. Mein Ball lag am Grünrand, 10 Meter vom Loch entfernt, in perfekter Lage, auch der Weg zur Fahne wies keine Hindernisse auf. Jeden Schläger hätte ich für diesen Schlag wählen können – ich dachte an ein Eisen 8, an einen Pitching Wedge und schließlich an meinen Lieblingsschläger, den Sand Wedge, für den ich mich dann auch entschied. Ich mag ihn einfach, so wie er ausschaut und in der Hand liegt. Ich suchte mir einen Landepunkt, durchlief meine normale Chip-Routine, sprach den Ball an und traf ihn perfekt. Er erreichte genau den Landepunkt, sprang einmal auf, rollte dann, nahm den vorausberechneten Break nach links an und lief exakt mitten ins Loch.

Das Play-off war erreicht, und wir spielten um den Titel. Nick, von meinem Chip offensichtlich nicht beeindruckt, gewann das Play-off. Für mich aber brachte es die Erfahrung, dass ich mich nicht mehr scheute, einen Schläger zu wählen, der nicht unbedingt dem Lehrbuch entsprach. Solange der Lieblingsschläger für den geforderten Schlag tauglich ist, sollte man ihn auch einsetzen, unabhängig davon, ob er nach dem Lehrbuch »richtig« ist oder nicht.

Rough rund ums Grün

Hohes Gras ums Grün herum ist von den meisten Golfspielern gefürchtet. Zu Recht. Für mich sind solche Schläge aus dem Rough die schwersten überhaupt, obwohl ich jetzt damit besser zu Rande komme als früher. Bei der US Open 2000 in Pebble Beach bin ich einige Male im Rough neben dem Grün gelandet, aber fast immer konnte ich das Par noch retten.

■ Ich setze meinen 60° Wedge ein. Im hohen Gras schließt sich gewöhnlich das Schlägerblatt; ich brauche aber so viel Loft wie nur möglich.

■ 60 Prozent meines Gewichts sind auf dem vorderen Fuß – jenem, der dem Grün am nächsten ist. Dies fördert den notwendigen steilen Eintreffwinkel des Schlägerblatts auf den Ball.

■ Ich halte den Schläger fester als gewöhnlich, besonders mit der linken Hand. Um es zu wiederholen, das hohe Gras hat die Eigenschaft, das Schlägerblatt zu schließen.

■ Ich mache einen sehr steilen Rückschwung, wobei ich die Handgelenke abrupt abwinkele.

■ Beim Schlag muss die Stoßrichtung des Schlägerkopfes nach *unten* gerichtet sein, um gut ins Gras hineinzukommen. Wenn ich den Schlägerkopf in flacher Ebene an den Ball bringe, würde ich Opfer des Grases.

■ Auf ein »follow through« kommt es nicht an. Tatsächlich gibt es ja auch keinen Durchschwung, wenn ich steil nach unten schlage.

Schläge sparen rund ums Grün

Der Chip mit dem Holz 3 – ein Sonderfall

Diesen Schlag habe ich von Butch Harmon. Er zeigte ihn mir vor Beginn der US Open 1996, die in Oakland Hills stattfand. Ich kann mich nicht erinnern, dass etwas in meinem Spiel von Anfang an so positiv gewirkt hat wie diese Technik. Zum ersten Mal nutzte ich sie am 18. Loch der dritten Runde. Ich lochte direkt ein. In Quad Cities etwas später im Jahr lochte ich mit dem Holz-3-Chip gleich dreimal ein. Der Schlag ist wesentlich einfacher zu spielen, als die meisten glauben.

Die Lage des Balls muss passen
Mit dem Holz-3-Chip liegen Sie dann richtig, wenn der Ball direkt am Grünrand in höherem Gras liegt oder etwas weiter zurück im leichten Semirough. Der Schlag ist deshalb effizient, weil die breite Sohle des Holz 3 vom Gras nicht nachhaltig behindert wird, wenn es ans Treffen des Balls geht. Der Loft reicht aus, dass der Ball kurz hinter dem Grünrand landet und von dort wie ein Putt zum Loch ausrollen kann. Voller Risiko wird dieser Schlag, wenn der Ball im tiefen Rough liegt. Klären Sie die Umstände sorgfältig ab, bevor Sie diesen Schläger aus dem Bag holen.

Mit der Schlagfläche in den Ball
Meine linke Hand bleibt völlig entspannt. Ich führe den Schlägerkopf so niedrig vom Ball weg, dass er die Grasspitzen bürstet. Ich setze die Handgelenke bewusst ein und schlage auf die Rückseite des Balls, wobei sich mein linker Handrücken bewusst auf der Linie zum Ziel bewegt und dabei die Richtung bestimmt. Ich beschleunige den Schlägerkopf bewusst nur ein wenig mehr als sonst bei Chips üblich. Das Schlimmste, was Sie bei diesem Schlag machen können, und das gilt für jeden Golfschlag, ist, vor dem Treffen des Balls abzubremsen.

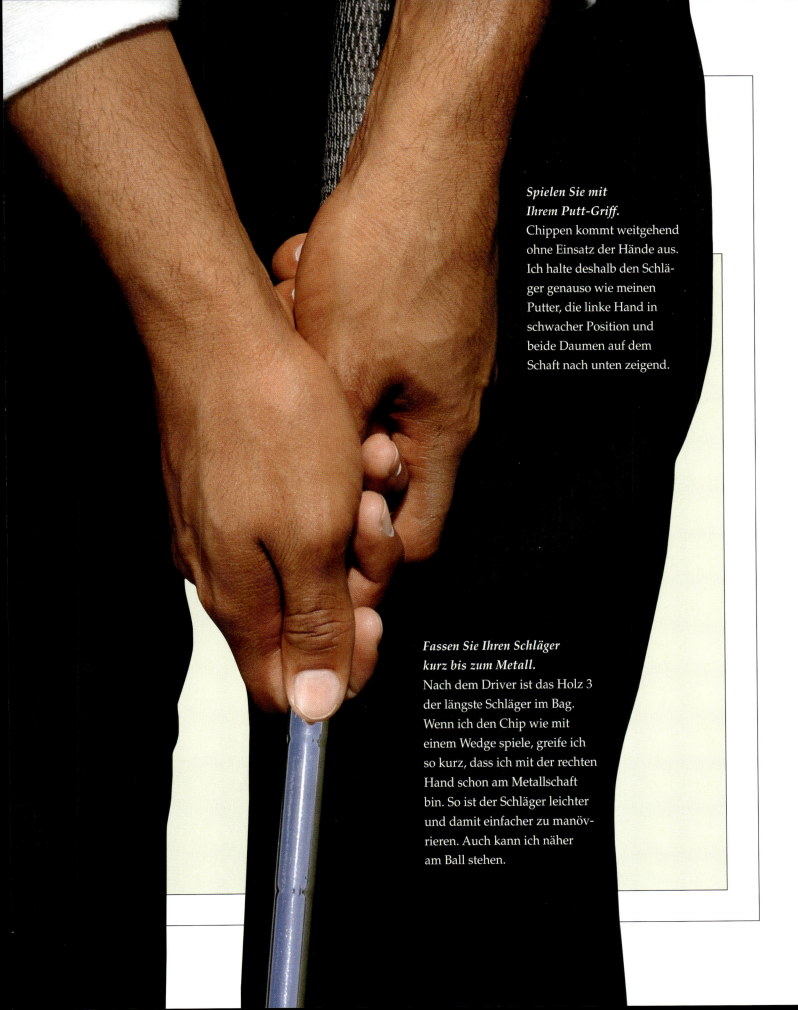

Spielen Sie mit Ihrem Putt-Griff. Chippen kommt weitgehend ohne Einsatz der Hände aus. Ich halte deshalb den Schläger genauso wie meinen Putter, die linke Hand in schwacher Position und beide Daumen auf dem Schaft nach unten zeigend.

Fassen Sie Ihren Schläger kurz bis zum Metall. Nach dem Driver ist das Holz 3 der längste Schläger im Bag. Wenn ich den Chip wie mit einem Wedge spiele, greife ich so kurz, dass ich mit der rechten Hand schon am Metallschaft bin. So ist der Schläger leichter und damit einfacher zu manövrieren. Auch kann ich näher am Ball stehen.

Der einfache Pitch

Der Pitch ist kein unbedingt langer Schlag. Er erfordert aber dennoch deutlich mehr Einsatz von Händen und Armen, ja des gesamten Körpers, als ein Chip. Man strebt jetzt nach mehr Schlägerkopfgeschwindigkeit, um den Ball in die Luft zu bekommen. Der Pitch ist eine Art Miniversion eines vollen Schlags. Sogar der Unterkörper kommt dabei ins Spiel, um den Einsatz der Schultern, Arme und Hände gezielt zu unterstützen. Es ist ein wenig eine Gratwanderung: Man braucht ausreichend Dampf, um den Schlägerkopf durchs Gras unter den Ball zu bekommen, aber auch so viel Kontrolle, dass der Ball nicht wie eine Rakete über das Grün hinaus saust.

Der richtige Loft muss es sein
Das Geheimnis, einen Ball hoch in die Luft zu schlagen und weich landen zu lassen, ist, den Schlag nicht mit schierer Kraft zu spielen. Vier Voraussetzungen erleichtern die Angelegenheit:

1. Mit Ihrem normalen Sand Wedge oder einem 60° Lob Wedge haben Sie den richtigen Schläger gewählt.

2. Öffnen Sie Ihren Stand, sodass sie deutlich nach links zum Ziel ausgerichtet sind.

3. Öffnen Sie das Schlägerblatt, um noch mehr Loft zu haben.

4. Der Ball liegt weit vorn im Stand, etwa auf Höhe der linken großen Zehe.

Alles bewegt sich

Mein wesentlicher Schwunggedanke ist, mit dem Schlägerkopf unter dem Ball hindurch zu schneiden. Ich beschleunige dabei; wenn ich den Schlägerkopf abbremse, würde er sich im Gras verfangen. Ich überrolle im Treffmoment nicht meine Hände und damit auch nicht den Schlägerkopf. Im »follow through« muss das Schlägerblatt offen sein und praktisch in den Himmel weisen. Sehen Sie, wie ich den Loft des Schlägers ausnutze.

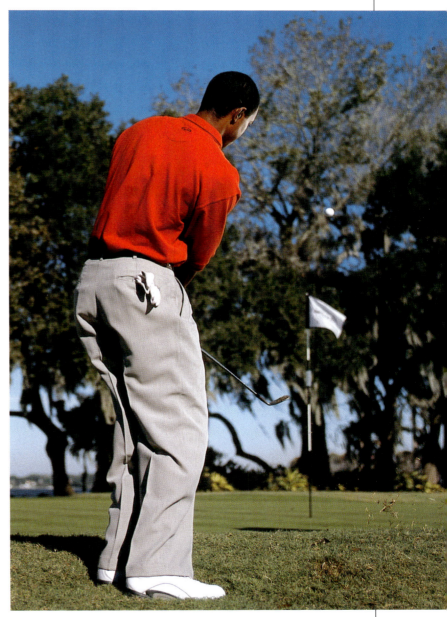

Konzentration auf die Hände

Die Hände sind beim Pitchen wesentlich aktiver als beim Chippen. Ich greife mit der linken Hand etwas stärker, indem ich sie beim Ansprechen ein wenig nach links drehe. Dies führt dazu, dass ich meine Hände während des Schwungs besser abwinkeln kann. Das ist unerlässlich für die Beweglichkeit und das Gefühl, dass ich den Schläger nur leicht in Händen halte.

Der Schläger macht die Arbeit

Jetzt ist es einfach. Ich schwinge den Schläger steil zurück und winkele meine Handgelenke natürlich ab. Ich achte auf mein Schwungtempo: Obwohl ich keinen langen Schlag mache, muss die Bewegung rhythmisch und fließend sein.

Schläge sparen rund ums Grün

Der gepunchte 30-Meter-Pitch

Einer der schwersten Schläge überhaupt (aber einer, mit dem jeder Golfer auf jeder Runde konfrontiert ist) ist der kurze Punch, etwa 30 Meter zum Grün. Wie jeder Schlag, zu dem es nicht eines vollen Schwungs bedarf, sind gute Technik gefragt und das entsprechende Gefühl, damit er gelingt.

Mein Ball liegt im Stand weiter zurück als die Mitte, was mir hilft, steil auf den Ball zu schlagen. Mein Stand ist enger als Schulterbreite. Ich brauche jetzt keinen breiten, stabilen Stand, weil ich nicht vorhabe, einen vollen Schwung zu machen. Beim Rückschwung führe ich den Schlägerkopf möglichst lang am Boden entlang und achte darauf, dass mein linker Arm vollkommen gestreckt bleibt. Auch vergesse ich nicht, dass sich die Schultern und Hüften ein wenig zurückdrehen.

CHARAKTERISTISCH IST DER HALBE RÜCKSCHWUNG.

Das kurze Spiel

DIE ARME SIND GENAU VOR MEINEM KÖRPER.

Die großen Muskeln steuern einen kleinen Schwung
Ich versuche nicht, einen Schwung nur aus den Armen und Händen heraus zu spielen. Das ist zu schwierig, wenn ich die Kontrolle über das Schlägerblatt und die Schlägerkopfgeschwindigkeit nicht verlieren will. Mein Schwunggedanke ist ganz einfach der, die Hüften wieder vorzudrehen und die Schultern, Arme und Hände nur folgen zu lassen. Das niedrige, abgekürzte Finish zeigt an, dass tatsächlich meine großen Muskeln die Bewegung gesteuert haben, nicht die Arme und Hände.

Mit dieser Grundtechnik kann ich praktisch jede Form eines kurzen Schlags ausführen. Wenn ich den Ball im Stand weiter vorn positioniere und einen meiner Sand Wedges einsetze, kann ich ihn sehr hoch fliegen lassen. Liegt der Ball sehr weit zurück im Stand und wähle ich einen Schläger mit weniger Loft, kann ich einen »bump-and-run« spielen.

Schläge sparen rund ums Grün

Der Flop: Sieht einfach aus, ist aber schwierig

Kein Zweifel, der Flop-Schlag ist immer riskant. Ich spiele ihn nur, wenn die Fahne kurz gesteckt ist und keine andere Möglichkeit besteht, den Ball nah ans Loch zu bringen. Jeder Spieler sollte ihn eigentlich in seinem Repertoire haben. So wie die modernen Plätze gebaut sind, kommt man rund ums Grün ohne diese Technik kaum aus.

Ich öffne meinen Stand und spiele den Ball nach vorn
Mein Stand und das Schlägerblatt sind beim Ansprechen offen. Der Ball liegt etwa auf Höhe der linken Ferse. Ich greife den Schläger noch leichter als gewöhnlich, um mit den Händen tatsächlich beschleunigen zu können. Jetzt ist der Stand wirklich sehr breit, weil mich das zwingt, den Schlag hauptsächlich aus den Schultern und mit den Armen und Händen zu spielen. Zu 90 Prozent kommt der Oberkörper zum Einsatz.

Kurzer Schlag, großer Schwung
Der Rückschwung fällt so steil aus, dass mein linkes Handgelenk ein leicht konkaves V bildet. Dadurch öffnet sich das Schlägerblatt noch zusätzlich, sodass ein Maximum an Loft im Treffmoment zur Verfügung steht. Ich hole weit aus, vor allem um Schlägerkopfgeschwindigkeit zu bekommen. Ich beschleunige sehr stark im Treffmoment und versuche, das Schlägerblatt unter dem Ball hindurch zu führen. Immer sollte ein Finish folgen. Es darf kein Schlag nur auf den Ball sein.

Wenn ich bergauf chippe, nehme ich die Fahne aus dem Loch. Geht es dagegen bergab, lasse ich sie im Loch; sie kann dann meinen Ball aufhalten, wenn er zu viel Dampf hat.

TIGERS TIPP NR. 1

Ich treffe den Ball mit der Spitze des Schlägerblatts
Einer meiner Tricks ist es, den Ball nicht im Sweet Spot, sondern im vorderen Teil des Schlägerblatts zu treffen. Und dies mit dem 60° Lob Wedge. Der Ball hat die gleich hohe Flugbahn und landet besonders weich. Ich kann sogar übertrieben hart zuschlagen, ohne Angst zu haben, dass der Ball über das ganze Grün segelt. Er wird sehr nahe dort, wo er landet, auch liegen bleiben.

Das kurze Spiel

Was möglich ist und was nicht

Das Gelingen eines Flop-Schlages hängt entscheidend davon ab, ob Sie die Ausgangslage richtig einschätzen. Ich würde ihn niemals wagen, wenn die Lage des Balls nicht wenigstens einigermaßen gut ist. Der Ball muss mindestens so hoch aufsitzen, dass ich mit meinem Sand oder Lob Wedge gut unten durch komme.

Nicht möglich. Versuchen Sie niemals einen Flop-Schlag, wenn der Ball auf hartem Boden oder einfach schlecht liegt. Ein etwas zu früher Bodenkontakt und der Schläger prallt unkontrolliert in den Ball und jagt ihn über das ganze Grün.

Nicht möglich. Der Schlag kann auch nicht aus hohem Rough gespielt werden, noch dazu, wenn der Ball tief versunken ist. Der Durchschnittsspieler besitzt nicht die Kraft, den Schlägerkopf mit der notwendigen Energie an den Ball zu bringen.

Möglich. Wenn die Balllage keine Probleme verheißt, Sie sich also ohne weiteres zutrauen, mit dem Schlägerkopf unter den Ball zu kommen, sollten Sie den Flop-Schlag spielen. Der Schlag ist dann einfacher als man glaubt.

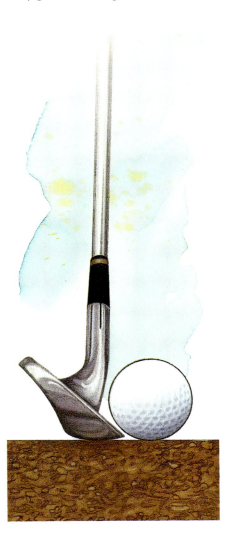
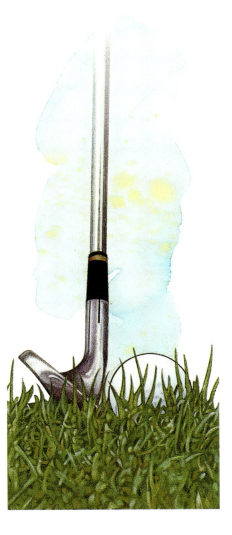
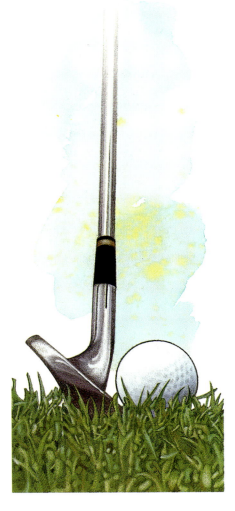

·3·
MUTIG AUS DEM SAND SPIELEN

SCHEINBAR SCHWIERIG, TATSÄCHLICH EINFACH

Es gibt schwierige Schläge und es gab einen ganz besonderen, den ich am 16. Loch in Poipu Bay Resort auf Hawaii ausführen musste während des Grand Slam of Golf 1997. Es waren noch drei Löcher zu spielen, und ich lag drei Schläge hinter Ernie Els, benötigte also unbedingt ein Birdie, um überhaupt noch eine Chance gegen ihn zu haben. Als ich meinen Ball am 16. Loch im rechten Grünbunker verschwinden sah, sanken die Chancen allerdings auf ein Minimum. Unmöglich aber war nichts. Ich hatte schon des öfteren aus dem Bunker eingelocht.

Als ich dann aber, näher gekommen, die Lage des Balls sah, wusste ich, dass der gewünschte Erfolg sich kaum einstellen würde. Der Ball war in schwerem, nassem Sand eingebohrt. Schlimmer noch – das Ganze hangabwärts. Es war schon schwierig genug, den Ball überhaupt herauszuspielen, aber ihn auch noch auf dem Grün zum Halten zu bringen, schien mir ganz unmöglich. Hinter dem Grün lauerte dichter Buschbestand, der nur auf meinen Ball wartete. Mit einem Wort: Ich war tot.

Oder doch nicht? Direkt vor dem Bunker zum Grün hin befand sich eine steile Grasböschung. Wenn es mir irgendwie gelingen würde, den Ball da hinein zu schlagen, würde er vielleicht nach vorn aufs Grün springen. Es war ein 1:100-Schlag, aber mir blieb keine andere Wahl.

Ich sprach den Ball so an, als wollte ich Holz hacken. Ich schwang nicht zurück, sondern streckte die Arme hoch nach oben. Dann schlug ich zu, als hielte ich eine Axt in Händen. So kräftig es nur ging. Ich schloss die Augen und hoffte aufs Beste.

Als ich sie wieder öffnete, bot sich mir ein überraschender Anblick. Wie ein Geschoss war der Ball aus dem Sand herausgekommen und gegen die Böschung gekracht, von da abgeprallt und bestimmt 1 Meter hoch gesprungen, er blieb einen halben Meter vor dem Loch liegen. Ich lochte den Putt ein zu einem der besten Pars in meinem Leben. Stolz tippte ich an meine Kappe in Richtung Zuschauer. Sogar Ernie gratulierte mir. Auch Ernie spielte Par und gewann schließlich mit drei Schlägen Vorsprung. Aber dieser Schlag aus dem Sand, der zu den besten zählt, die ich je in meinem Leben gespielt habe, rettete meinen Tag und erleichterte mir den Schmerz des Verlierens.

Die Ansprechhaltung muss stimmen

Mehr als bei anderen Schlägen entscheidet beim normalen Bunkerschlag die Ansprechhaltung über das Ergebnis. Sie ist Voraussetzung für eine bestimmte Schwungtechnik, und von ihr hängt es ab, was der Schlägerkopf im Sand macht. Ich empfehle eine Vorgehensweise in vier Stufen.

Ich öffne meinen Stand
Ich richte mich mit allem nach links vom Ziel aus – mit meinen Füßen, Hüften und Schultern. Das sorgt für den gewünschten Schlag von außen nach innen, bei dem das Schlägerblatt beim Treffen des Balls im Sand die Linie zum Ziel kreuzt.

Ich öffne das Schlägerblatt
Ich richte das Schlägerblatt, wie Sie hier sehen können, nach rechts von der Fahne aus. Zwei Dinge passieren dadurch: Das Schlägerblatt öffnet sich, sodass ich den Ball hoch spielen und sanft landen lassen kann; und es wird dadurch die Chance verbessert, mit der Sohle des Schlägerkopfes kräftig in den Sand schlagen zu können, ohne dass sie sich zu weit eingräbt.

Schwacher Griff
Keinesfalls darf passieren, dass sich das Schlägerblatt im Treffmoment schließt. Um einer solchen Rotation vorzubeugen, greife ich mit der linken Hand betont schwächer, das heißt, der linke Handrücken sollte direkt aufs Ziel weisen.

Der Ball liegt vorn im Stand
Bei mir liegt er genau auf Höhe der linken Ferse, was zu einer höheren Flugbahn führt. Außerdem komme ich mit dem Schlägerkopf besser durch den Sand.

Weniger ist mehr

Denken Sie immer an eines: Der normale Bunkerschlag erfordert Technik und keine Kraft. Er erfordert ungefähr nur so viel an Aufwand, wie ich bei einem 30-Meter-Schlag vom Fairway einsetzen würde.

Stoßrichtung nach unten
Es ist kein Schlag mit großem Radius und viel Körpereinsatz vonnöten. Ich muss ja keine Extralänge erzielen. Ich greife meinen Schläger leicht, achte auf einen guten Rhythmus und schwinge meine Hände lediglich auf Schulterhöhe zurück.

Ich winkele meine Handgelenke voll ab
Die Schlägerkopfgeschwindigkeit kommt im Wesentlichen aus den Armen und Händen. Ich winkele meine Handgelenke beim Rückschwung so stark ab wie ich kann. Dies ist ein handdominanter Schlag mit wenig Bewegung der Hüften und Beine.

Meine rechte Hand übernimmt das Kommando
Beim normalen Bunkerschlag dominiert meine rechte Hand (als Rechtshänder). Das Treffmoment ähnelt der Situation, als ob ich einen Ball werfen würde.

Stark und schwach zugleich
Obwohl ich entschlossen unter Führung der rechten Hand in den Sand schlage, schließt sich mein Schlägerblatt nicht. Das ist Folge meines schwachen Griffs mit der linken Hand. Der Ball kommt immer hoch heraus und landet weich.

Schneiden, nicht schlagen
Schauen Sie sich an, wie der Sand im flachen Winkel nach vorn spritzt – weil ich nicht zu steil auf den Ball geschlagen habe. Ich versuche lediglich, durch den Ball zu gehen bis ins »follow through« und dabei nicht allzu viel Sand mitzunehmen.

Wie viel Sand?

Wie groß das Sandpolster ist, das ich mit dem Ball herausschlage, hängt vom Spin ab, den ich ihm mitgeben will. Ich habe hier Linien in den Sand gezogen, um zu demonstrieren, wo der Schlägerkopf in den Sand gehen sollte, wenn ich Backspin erzeugen will.

Wenn der Ball auf dem Grün länger rollen soll, schlage ich etwa 7 Zentimeter hinter dem Ball in den Sand. Er kommt dann auf einem dicken Sandpolster heraus und hat kaum Backspin. Soll der Ball jedoch hoch fliegen und schnell stoppen, schlage ich nur 2 bis 3 Zentimeter dahinter in den Sand, manchmal auch noch weniger. Nur sehr selten versuche ich, den Ball ohne jede Sandberührung zu treffen. Das Risiko ist dann allerdings groß, dass der Ball zu lang wird.

Das kurze Spiel

Die Regeln erlauben, ein künstliches Hindernis wie einen Zigarettenstummel aus dem Bunker zu entfernen. Nicht wegnehmen dürfen Sie natürliche Dinge, wie zum Beispiel Zweige oder Blätter.

Mutig aus dem Sand spielen

Der Sand Wedge – ein spezieller Schläger

Der Sand Wedge hat von allen Schlägern das markanteste Design. Er ist deshalb für den Sand prädestiniert, weil seine breite Sohle verhindert, dass sich der Schlägerkopf zu tief in den Sand eingräbt, was dazu führen würde, dass man den Ball womöglich gar nicht heraus bekäme. Vergleichen Sie einmal Ihren Sand Wedge mit seinem nächsten Verwandten, dem Pitching Wedge.

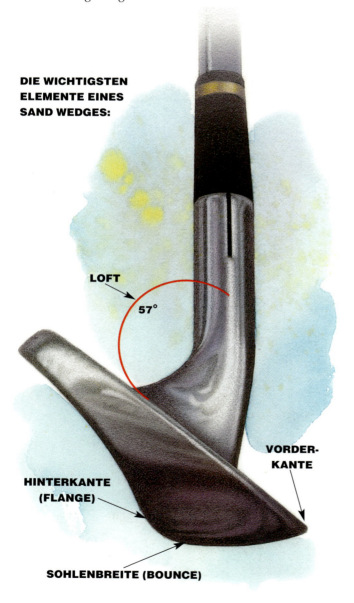

DIE WICHTIGSTEN ELEMENTE EINES SAND WEDGES:

LOFT 57°

HINTERKANTE (FLANGE)

SOHLENBREITE (BOUNCE)

VORDERKANTE

■ Beim Sand Wedge reicht die Hinterkante der Sohle weiter nach unten als die Vorderkante. Das hat zur Folge, dass der Schläger, wenn er auf den Sand auftrifft, seiner Bestimmung nach unter dem Ball durchgeht, sich aber nie zu tief einbohrt.

■ Zudem ist die Sohle breiter als die aller anderen Eisen. Das ist ein weiterer Grund, warum der Schlägerkopf durch den Sand schneidet und sich nicht eingräbt.

■ Der Sand Wedge ist zudem der kürzeste Schläger im Bag (mit Ausnahme des Putters), gleichzeitig aber der schwerste. Dieses zusätzliche Gewicht erleichtert ebenfalls das Eindringen in den Sand, und zwar genau so weit, dass man gut unter den Ball kommt.

■ Der Sand Wedge hat auch mehr Loft als alle anderen Schläger. Die Skala reicht von 52° bis über 60°. Wenn Sie aus einem Grünbunker zu einer kurz gesteckten Fahne spielen müssen, dann hat das den großen Vorteil, dass mit ihm hohe Schläge relativ einfach zu spielen sind.

Durchgehen ist alles

Allen schlechten Bunkerspielern ist eins gemein: Sie gehen im Treffmoment nicht durch den Ball. Das kommt wahrscheinlich daher, dass Sie auf den Ball schlagen und eben nicht unter ihm hindurch schneiden. Um verlässlich aus dem Sand zu kommen, ist es ein Muss, den Schlägerkopf im Sand nicht abzustoppen. Das gilt genauso für die kurzen Bunkerschläge. Ich versuche immer mir vorzustellen, dass der Schlägerkopf etwa 15 Zentimeter nach dem Ball seine größte Geschwindigkeit hat.

Das kurze Spiel

VOR ALLEM MIT MEINER RECHTEN HAND SCHLAGE ICH HART ZU.

Der eingebohrte Ball

Ein eingebohrter Ball kann einen ganz schön mitnehmen. Erinnern Sie sich an meine Geschichte beim Grand Slam of Golf auf Hawaii? Als ich das »Spiegelei« sah, hatte ich anfangs keinerlei Vorstellung, wie ich den Ball spielen sollte. Ich lüge nicht, ich war ratlos. Ich hatte nicht nur mit einem unmöglichen Stand zu kämpfen; der eingebohrte Ball ließ mir auch nur eine begrenzte Kontrolle darüber, wie er sich nach dem Treffen verhalten würde. Es war mir klar, dass ich Glück haben musste, den Ball überhaupt herauszubekommen, und an das benötigte Birdie war überhaupt nicht zu denken. Das Einzige, was ich tun konnte, war, mich zusammenzureißen und mich auf all das zu besinnen, was ich einmal gelernt hatte.

Zunächst erschreckt ein eingebohrter Ball jeden.

Die Wahrheit aber ist, dass diese »Spiegeleier« gar nicht so schwer zu spielen sind – abgesehen von meiner Situation auf Hawaii. Natürlich lassen sich unter solchen Voraussetzungen die Bälle nicht mehr so gezielt an die Fahne legen, wie das von einer guten Balllage aus möglich ist. Aber man kann auch Spiegeleier-Bälle so aufs Grün spielen, dass wenigstens eine Chance auf ein glückliches Ende bleibt.

Punktgenau in den Sand
Um einen eingebohrten Ball herauszuspielen, müssen Sie eine Technik beherrschen,

1.
HIER GENAU TRIFFT DER SCHLÄGERKOPF IN DEN SAND.

2. ICH ZIELE NACH LINKS ...

3. UND SCHLAGE HART NACH UNTEN.

um den Schlägerkopf so tief wie möglich in den Sand zu bringen. Das Divot muss so groß sein, dass Sie darin ein kleines Tier begraben könnten. Ich ziele immer auf einen Punkt etwa 5 Zentimeter hinter dem Ball – dort sollte das Divot beginnen.

Alles offen und nach links
Ich brauche einen sehr steilen Schwung. Der Schlägerkopf muss gezielt von oben in den Sand treffen. Folgende Vorbereitungen sind unerlässlich: (1.) Ich spreche den Ball mit einem offenen Stand an. Das fördert den steilen Schwung und die Von-außen-nach-innen-Schwungebene. (2.) Mein Körpergewicht ist auf der linken Seite, und meine Wirbelsäule ist aufgerichtet. Es darf kein Sich-nach-links-Beugen sein. (3.) Ich öffne das Schlägerblatt und halte meine Hände vor dem Ball.

Mutig nach unten und durch!
Ein schlampiger, halbherziger Schlag darf es nicht werden. Ich lege mich richtig ins Zeug und mache Extradampf mit meiner rechten Hand. Noch einmal: Die Stoßrichtung ist nach *unten* und *durch* den Ball. Zu einem größeren Finish wird es nicht kommen, weil der Schlägerkopf schon 30 Zentimeter nach dem Treffen des Balls gestoppt wird. Der Ball kommt annähernd ohne Spin heraus, ich muss also mit längerem Ausrollen rechnen.

Der schwerste Schlag im Golf

Ohne Frage, der schwerste Schlag ist der lange Explosionsschlag. Ihn immer erfolgreich zu spielen ist sehr schwierig. Ich meine den 25–30-Meter-Bunkerschlag. Er ist zu lang, um mit der Grünbunkertechnik Erfolg zu haben, und zu kurz, um ihn wie einen vollen Schlag aus dem Fairway-Bunker zu spielen. Es gibt jedoch ein Erfolgsrezept. Aber selbst wenn ich Ihnen erklärt habe, wie dieser Schlag zu spielen ist, müssen Sie intensiv daran feilen. Dabei sollten Sie mit verschiedenen Schlägern üben. Abhängig von der Balllage setze ich vom Eisen 8 bis zum Sand Wedge alle Schläger ein.

Veränderte Ansprechhaltung
Weil dieser Schlag einen genauso großen Körpereinsatz verlangt wie ein voller Schlag vom Fairway, sind meine Schultern und Füße zum Ziel hin leicht offen. Nicht so offen wie bei manch anderem Bunkerschlag, bei dem ein freies Zurückschwingen eingeschränkt ist, aber doch so weit offen, dass der Schlägerkopf in gerader Ebene und nicht von innen an den Ball kommen kann.

Das Schlägerblatt ist square, der Ball im Stand leicht vorn
Das offene Schlägerblatt erhöht den Loft. Jetzt aber soll der Ball nicht so hoch fliegen, dass er nicht mehr lang genug ist, um das Grün zu erreichen. Ich richte das Schlägerblatt daher square zum Ziel aus. Ich darf auch nicht zu viel Sand zwischen Schlägerblatt und Ball bekommen, daher schlage ich nur etwa 2,5 Zentimeter hinter dem Ball in den Sand. Präzision ist jetzt gefragt! Zu viel Sand, und es fehlt die nötige Länge. Treffe ich den Ball zu dünn, segelt er Gott weiß wohin.

Voller, kontrollierter Schwung
Ich benötige jetzt alle Schlägerkopfgeschwindigkeit, die ich aufbieten kann, und daher mache ich einen größtmöglichen Rückschwung. Denken Sie aber daran, was ich über Präzision gesagt habe – ich konzentriere mich darauf, den Kopf ruhig zu halten, und achte auf ein fließendes Schwungtempo. Ich beschleunige bewusst durch den Ball und gehe in ein volles Finish.

TIGERS TIPP NR. 2

Die gewünschte Länge erreichen

Der Unterschied zwischen kurzen und langen Bunkerschlägen ist technisch gewaltig. Viele Spieler regulieren ihre Längen, indem sie das Schlägerblatt öffnen oder schließen oder indem Sie mehr oder weniger Sand mitnehmen. Ich mache das, indem ich mich auf das konzentriere, was nach dem Schlag erfolgen soll. Je länger ich sein will, desto mehr strebe ich ein komplettes, volles Finish an. Das ist eine recht effektive Methode, denn je kompletter ich diese Endstellung erreichen will, desto entschlossener muss ich durch den Ball gehen. Wenn andererseits das Finish auf halber Strecke endet, habe ich nicht alles in den Schwung gelegt, und der Ball wird eben auch nicht eine allzu große Länge erreichen.

Schnell hoch – viel Loft

Was ich an der British Open so mag, ist das einzigartige Platzdesign, das man in Schottland und England antrifft. Am dramatischsten fallen dabei die steilen, tiefen und mit Grassoden geziegelten Potbunker ins Auge. Man ist sehr schnell »drin«, und es ist oftmals brutal schwer, wieder herauszukommen. Ich versuche, diese Sandmonster zu umgehen, wo ich nur kann, denn sehr oft kann man nur seitwärts spielen, um überhaupt herauszukommen; und Schläge zu verlieren, darauf bin ich nicht besonders scharf. Bei der British Open 2000 in St. Andrews ist es mir gelungen, kein einziges Mal in einem dieser unsäglichen Bunker zu landen.

Das war ganz und gar nicht der Fall in Carnoustie, wo die Open ein Jahr vorher stattfand und wo dieses Foto von mir geschossen wurde. Sie sehen, wie sehr der Schlag absichtlich gepullt und wie offen das Schlägerblatt immer noch ist. Das zeigt, wie ich den Loft des Schlägers tatsächlich ausgenutzt und dem Schlägerblatt zu keiner Zeit erlaubt habe, durch den Ball zu rotieren. Schauen Sie auch auf die große Sandfahne. Sie zeigt, wie tief ich hier in den Sand musste, um unter den Ball zu kommen und ihn nach oben in die Luft zu befördern.

Mutig aus dem Sand spielen

Wenn die Balllage heikel ist, spielen Sie den Ball lieber im Stand etwas weiter zurück.

Explosive Gedanken

Ich glaube, dass die Prinzipien des guten Bunkerspiels für Spieler aller Klassen gleich sind. Wenn der Ball hoch gehen soll, darüber gibt es keine Diskussion, muss das Schlägerblatt offen sein und der Ball vorn im Stand gespielt werden, um im richtigen Winkel an den Ball zu kommen. Ich glaube nicht, dass es eine andere Technik gibt, das zu erreichen.

Zu berücksichtigen sind aber noch andere Gesichtspunkte, die mehr mit Strategie und Schlägerwahl zu tun haben als mit Physik und Schwungmechanik. Jeder Amateur, und schwache Spieler ganz besonders, sollten folgende Grundregeln niemals außer Acht lassen.

■ Aus Fairway-Bunkern ist jeder Schläger länger als ein Eisen 4 tabu, es sei denn, der Ball liegt perfekt, etwa auf fest gebackenem Sand.

■ Ein weiterer Tip für Fairway-Bunker: Immer ein Schläger mehr als bei gleicher Distanz vom Gras aus.

■ Je länger der Schlag sein soll, desto leichter auch der Griff. Das erhöht die Fähigkeit, Schlägerkopfgeschwindigkeit zu erzeugen. Und Tempo ist bei jedem Bunkerschlag notwendig.

■ Lässt die Balllage auch nur ein klein wenig zu wünschen übrig, spielen Sie den Ball von weiter hinten im Stand als bei einem problemlosen Bunkerschlag. Ist die Lage wirklich schlecht, muss der Ball noch weiter zurück.

■ Von Grünbunkern aus sollten Sie immer aufs Fahnentuch zielen. Die meisten Bunkerschläge sind zu kurz. Sie geben sich damit eine zusätzliche Chance.

Das kurze Spiel

Mutig aus dem Sand spielen

TIGERS ERFOLGSGESCHICHTE
Optimistisch aus dem Fairway-Bunker spielen

Einige Leute sagen, dass der beste Schlag, den sie je von mir gesehen haben, ein Eisen 6 war, das ich anlässlich der Canadian Open 2000 am letzten Loch der 4. Runde gespielt habe. Ich weiß nicht, ob es mein wirklich bester Schlag überhaupt war, aber in diesem Jahr war er sicherlich einer, der ganz oben rangiert und in meiner Erinnerung zumindest zu einem meiner besten Bunkerschläge zählt. Um zu erklären, wie ich ihn gespielt habe, müsste ich vier Erfolgsrezepte zu einem verschmelzen, nämlich die Strategie, die Schlägerwahl, das Vertrauen in den Schwung und die richtige Beurteilung der äußeren Bedingungen.

Ich hatte einen Schlag Vorsprung vor Grant Waite, den ich den ganzen Tag über nicht abschütteln konnte, obwohl ich wirklich sehr gut spielte. Mein Abschlag am letzten Loch hatte sich in einen Fairway-Bunker verirrt, und die Distanz zur Fahne betrug exakt 197 Meter. Grant's Schlag landete auf dem Fairway, war aber kürzer, und damit war er vor mir dran. Sein Ergebnis würde darüber entscheiden, ob ich sicher spielen konnte oder angreifen musste. Sein Schlag etwa 6 Meter an die Fahne brachte mich in Zugzwang. Jetzt konnte ich kein Sicherheitseisen mehr nehmen und nur die Grünmitte anvisieren, jetzt musste auch ich die Fahne attackieren.

Es gibt leichtere Schläge im Golf – 197 Meter sind ein langer Weg für ein Eisen 6, selbst wenn man es vom Fairway spielt –, zusätzlich regnete es, und der Wind blies von links direkt auf einen Teich, der sich auf der rechten Seite

des Grüns befand. Ich wählte also das Eisen 6 und zielte auf die Grünmitte, hoffend, dass der Wind den Ball ein wenig nach rechts mitnehmen würde.

Wie ich diesen Schlag jetzt spielte, entsprach einer erst kürzlich zu Hause in Orlando erlernten speziellen Fairway-Bunker-Technik. Sie besteht darin, dass meine Schwungebene ein wenig flacher ist, sodass ich weniger steil an den Ball komme. Ich glaube, dass ich mir mit dieser Technik eher kleine Fehler leisten kann, weil sie sich nicht gleich zu Katastrophen auswachsen. Wiederum spielte ich mit dem bereits erwähnten schwachen Griff der linken Hand, um sicher zu gehen, dass sich das Schlägerblatt im Treffmoment nicht schließen würde. Beim Training ging das alles wunderbar. Training und Wettkampf aber sind zwei Paar Stiefel.

Dennoch entschloss ich mich, mit der neuen Technik die Probe aufs Exempel zu machen. Wenn nicht jetzt, wann dann? Nur im Feuer kann sich Neues bewähren. Vieles rechtfertigte diesen Entschluss. Die Balllage war gut, mein Selbstvertrauen hoch und mein Vorgefühl optimistisch.

Ich sprach den Ball leicht offen an und programmierte mich auf einen leichten Fade. Dann die Zündung. Sofort wusste ich, das war ein Volltreffer. Der Wind nahm den Ball tatsächlich ein wenig nach rechts bis auf Höhe der Fahne mit. Zwei Putts und die Trophy gehörte mir. Das wirklich Befriedigende an diesem Schlag war, dass er natürlich Spaß gemacht hat, vor allem aber, dass er unter Druck gelungen war.

Das kurze Spiel

DEN SCHLÄGERKOPF ANHEBEN UND MIT LEICHTEM GRIFF SPIELEN

Zurück im Stand für sauberen Ballkontakt

Den Ball sauber zu treffen und ohne die geringste Sandberührung ist die einzige Möglichkeit, wirkliche Längen aus dem Sand heraus zu erzielen. Dafür spreche ich den Ball weiter zurück im Stand an als bei einem von der Länge her vergleichbaren Schlag vom Fairway. Dann nehme ich einen Schläger mehr als bei einem normalen Schlag gleicher Länge. Ich greife zudem kürzer für eine bessere Kontrolle über den Schlägerkopf. Schließlich sorge ich für einen soliden Stand, denn ich habe einen vollen Schwung vor mir. Dabei die Balance nicht halten zu können, kann ich mir nicht leisten.

Vor dem Rückschwung hebe ich bewusst mein Kinn. Das erhöht meinen Körperschwerpunkt und sorgt dafür, dass ich während des gesamten Schwungs aufrecht stehe, was wiederum das solide Treffen des Balls begünstigt. Ich setze beim Schwung nur etwa 70 Prozent meiner körperlichen Möglichkeiten ein – der längere Schläger sorgt für die gewünschte Länge. Ich schwinge mit fließender Bewegung bis in ein hohes Finish und lasse meinen Kopf auch dann noch unten, wenn ich den Ball längst getroffen habe.

ICH VERSUCHE DEN BALL SAUBER ZU TREFFEN.

Mutig aus dem Sand spielen

DER VOLLE SCHWUNG

✦ ✦ ✦

Mein Schwung entwickelt sich ständig weiter. Grundlage sind und bleiben die Basics.

PERFEKT SCHWINGEN

EINE BEWEGUNG, AUF DIE VERLASS IST

Nachdem ich 1997 mein erstes Masters mit 16 Schlägen Vorsprung und 18 unter Par gewonnen hatte, ging es ans Feiern. Spaß haben war die Devise, und ich ließ da kaum eine Gelegenheit aus. Ich feierte mit meinen Kameraden, reiste herum, ließ es mir einfach gut gehen. Ich wusste, dass mich der Ernst des Lebens bald wieder einholen würde, aber nicht schon morgen. Nach etwa einer Woche, als das Hochgefühl nachzulassen begann, sah ich mir eines Abends ein Video von dem Masters an. Ich war allein und konnte mich darauf konzentrieren, meinen vollen Schwung kritisch auf Fehler hin zu analysieren. Würde es welche geben, wollte ich sie ausmerzen.

Ich sah nicht einen Fehler, ich sah ungefähr zehn.

Ich hatte die ganze Woche in Augusta die Bälle sehr gut getroffen und fragte mich jetzt, wie das möglich gewesen war, wo doch so vieles nicht gestimmt hatte. Beim Rückschwung hatte ich mit dem Schlägerschaft die Linie zum Ziel gekreuzt, und mein Schlägerblatt war zudem geschlossen. Meine Schwungebene war zu steil und meine Eisen deutlich weiter, als sie hätten sein dürfen, weil ich im Treffmoment den Loft aus den Schlägern genommen hatte. Mir gefiel das gar nicht, was ich da sah, und je intensiver ich darüber nachdachte, umso mehr erinnerte ich mich auch, dass sich mein Schwung nicht besonders gut angefühlt hatte. Trotz solcher Negativ-Faktoren hatte ich gut gespielt und wusste eigentlich nicht warum.

Noch vor Ende des Videos beschloss ich, einschneidende Veränderungen in meinem Schwung vorzunehmen. Butch hatte mich schon früher auf diesen und jenen Fehler hingewiesen, und wir hatten auch an Verbesserungen gearbeitet. Jetzt aber war ich wild entschlossen, das Ganze mit Druck anzupacken. Ich rief Butch an und setzte ihn von meinem Entschluss in Kenntnis. Die Idee, meinen Schwung sozusagen generalzuüberholen, fand seinen vollen Beifall. Und ein Jahr harte Arbeit war nötig, bis sich die Veränderungen auszuzahlen begannen. Zunächst einmal sah mein Schwung besser aus. Dann war nicht zu übersehen, dass sich der Ballflug mehr als bisher meinen Wünschen fügte. Am wichtigsten aber war, dass sich mein Schwung viel besser anfühlte. Ich wusste daher, dass die Arbeit nicht umsonst gewesen war. Das führte zu den sehr erfolgreichen Jahren 1999 und 2000, in denen ich das beste Golf meines Lebens spielte.

Die grundlegende Erkenntnis daraus ist, dass sich der Golfschwung, ganz gleich auf welcher Könnensstufe, ständig weiter entwickelt. Das Ziel muss sein, dass die mechanische Seite stimmt, dass er wiederholbar ist, für jeden Schläger passt und unter Druck sich nicht verändert. Ich weiß nicht, ob jemand diese Perfektion je erreichen wird – ich bin jedenfalls weit entfernt davon. Aber ich versuche es weiterhin – jede Wette!

Ein Griff für alle Schläge

Der Griff ist der wichtigste Baustein für den Schwung. Er steht zu fast allen anderen Schwungelementen in direkter Beziehung, zur Schwungebene etwa, zur jeweiligen Position des Schlägerblatts, zur Ballposition und zur Ansprechhaltung. Generell gilt: Wer zu einem guten, ja perfekten Schwung kommen will, muss einen guten Griff haben.

Mein eigener Griff hat sich über die Jahre zu dem entwickelt, was er heute ist. Als Junior spielte ich mit einem starken Griff der linken Hand, gekennzeichnet durch eine deutliche Drehung der Hand nach rechts auf dem Schlägergriff. Das machte beide Hände sehr beweglich während des Schwungs, das Schlägerblatt ließ sich leichter square an den Ball bringen, und meine Schläge hatten die gewünschte Extralänge. Später dann, als ich älter und kräftiger geworden war, habe ich die linke Hand wieder deutlich »schwächer« gemacht. Heute ist sie in einer annähernd neutralen Position, ich kann 2½ Knöchel meiner linken Hand beim Ansprechen sehen. Das ist meiner Ansicht nach die beste Position, die sich denken lässt und mit der wohl die meisten Spieler zurechtkommen können.

Bei jeder Änderung meines Griffs bin ich immer so vorgegangen, dass ich für längere Zeit einen Schläger einfach nur in Händen hielt, um mich auf diese Weise an den neuen Griff zu gewöhnen. Ich wollte, dass er sich so schnell wie möglich ganz natürlich anfühlte.

Der volle Schwung

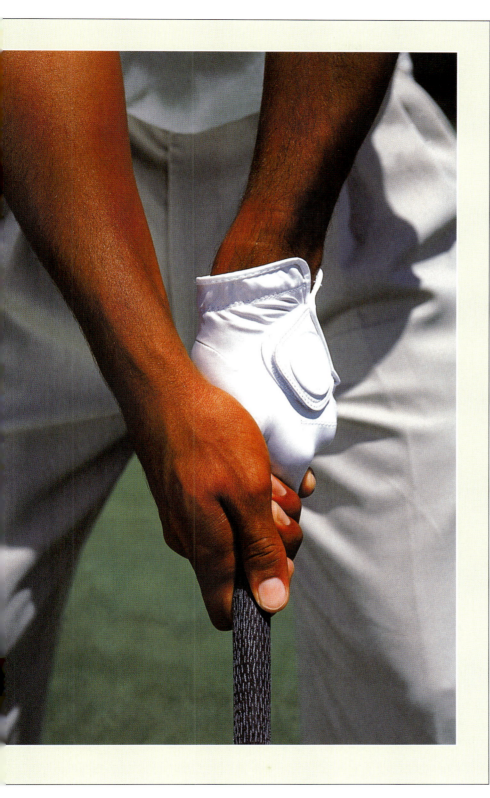

Perfekt schwingen

Haben Sie für Ihren Schwung einen Spieler als Vorbild, müssen Sie dessen Figur berücksichtigen. Sind Sie groß und schlank, sollten Sie nicht den Schwung eines kleinen und korpulenten Menschen nachahmen.

Meine linke Hand ist die Kontrollhand

Genau so, wie ich es hier zeige, verläuft der Schlägergriff in meiner linken Hand. Daraus resultiert die beste Kombination von Kontrolle und Gefühl. Auf keinen Fall lege ich den Schlägergriff weiter in die Handfläche hinein, sonst würde ich Schlägerkopfgeschwindigkeit und das erwähnte Gefühl verlieren.

Wenn ich den Schläger, nur mit der linken Hand gegriffen, in die Ansprechposition bringe, sollte mein Daumen ein wenig nach rechts am Schaft anliegen und nicht genau oben darauf. Das vom rechten Daumen und dem Zeigefinger gebildete V weist, wenn ich alles richtig gemacht habe, ziemlich genau auf mein rechtes Ohr.

Der volle Schwung

Der volle Schwung

Meine rechte Hand ist die Krafthand

Der Griff der rechten Hand ist ähnlich dem der linken. Der Hauptunterschied besteht darin, dass der Schlägergriff ein wenig näher an die Finger heranreicht, so wie es hier zu sehen ist. Die rechte Hand wird damit lebendig und kann beim Vorschwung unbehindert Kraft entfalten.

Warum Interlock mein Griff ist: Als kleiner Junge wurde mir der Interlock-Griff beigebracht, bei dem der kleine Finger der rechten Hand zwischen Zeige- und Mittelfinger der linken verschränkt wird. Vorbild war für mich Jack Nicklaus, der mit diesem Griff spielt und der mein Idol ist. Dieser Griff gibt mir das Gefühl, dass sich meine Hände während des Schwungs unmöglich voneinander lösen können. Dennoch: Viele spielen nicht mit dem Interlock. Die meisten bevorzugen den Overlapping-Griff, bei dem der kleine Finger der rechten Hand zwischen den Knöcheln des linken Zeige- und Mittelfingers platziert ist. Sei's drum – für mich ist wichtig, dass ich mich mit meinem Griff wohl fühle.

Wenn Sie trainieren, dann hängt die Effizienz nicht davon ab, wie lange und wie viele Bälle Sie schlagen. Einige meiner produktivsten Übungseinheiten dauerten nicht einmal 20 Minuten.

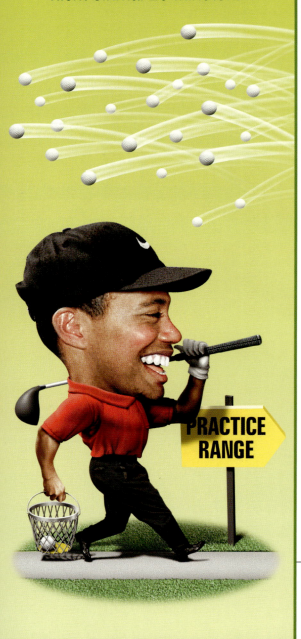

Der ideale Griff und die Griffstärke

Mein Griff gibt mir das Gefühl, dass beide Hände eine Einheit bilden. Es sollte sich so anfühlen, als wären sie miteinander verschmolzen, so als wäre man mit dem Schläger in Händen auf die Welt gekommen. Wenn das alles nicht der Fall ist, müssen Sie mit Ihrem Griff so lange herum experimentieren, bis Sie den richtigen gefunden haben. Hilfreich kann dabei sein, immer einen Gummigriff bei sich zu haben.

Den Schläger müssen Sie immer so locker und leicht in Händen halten, dass genügend Bewegungsfreiheit der Handgelenke gegeben ist und Sie das notwendige Gefühl für den Schlägerkopf haben; andererseits muss der Griff so fest sein, dass Sie während des gesamten Schwungs ausreichend Kontrolle ausüben können. Das Allerwichtigste aber ist, dass die Griffstärke immer gleichbleibend ist. Wenn sich diese an irgendeinem Punkt des Schwungs ändert, kostet Sie das Schlägerkopfgeschwindigkeit und Sie verlieren die Kontrolle.

Zum Problem der Griffstärke bin ich der Ansicht, dass viele Amateure ihren Schläger viel zu fest in Händen halten. Das hat seinen Grund in erster Linie darin, dass sie den Schläger nicht korrekt greifen. Um zu verhindern, dass er sich in den Händen sozusagen selbstständig macht, greifen sie instinktiv fester zu, besonders zu Beginn des Vorschwungs. Das zeigt eigentlich deutlich, warum einem technisch perfekten Griff so große Bedeutung zukommt. Wenn Ihr Griff nämlich in Ordnung ist, müssen Sie sich zu keiner Zeit während des Schwungs irgendeinen Gedanken über Ihre Hände machen. Sie haben den Kopf frei, sich auf die anderen Aspekte des guten Schwungs zu konzentrieren.

Der korrekte Stand für Balance – und Power

Der volle Schwung setzt eine erhebliche Bewegung in Ihrem Oberkörper in Gang. Da bedarf es eines soliden Unterbaus, um diese Bewegung zu unterstützen, damit sie unbehindert ablaufen kann und auch das Gleichgewicht nicht gefährdet. Die Standbreite ist jetzt zu diskutieren.

Zu enger Stand
Diese Standbreite, bei der meine Füße etwa schulterbreit auseinander stehen, ist tauglich für Schläge mit mittleren und kurzen Eisen. Für den Driver und die Fairway-Hölzer ist er zu eng. Es lässt sich kaum die notwendige Balance halten, wenn die Füße so eng zusammen stehen. Damit ich quasi nicht umfalle, könnte ich nur mit halber Kraft schwingen.

Zu breiter Stand
Jetzt stehe ich wirklich stabil da. Mich umzustoßen wäre schwierig. Aber merken Sie sich: Je breiter der Stand, desto mehr ist die Drehung Ihrer Hüften und Schultern sowohl im Rückschwung als auch im Vorschwung eingeschränkt – keine gute Voraussetzung für lange Hölzer.

Genau richtige Standbreite
Die ideale Stellung. Beim Schlag mit dem Driver bilden die Innenseiten meiner Füße gerade Verbindungen mit den Außenseiten meiner Schultern. Unter solchen Voraussetzungen kann ich mich richtig ins Zeug legen, nachhaltig unterstützt von meinen Füßen und Beinen, und gleichzeitig verfüge ich über genügend Bewegungsfreiheit, meine Hüften und Schultern unbehindert zu drehen.

Diese Standbreite erlaubt mir die für den Rückschwung notwendige Gewichtsverlagerung nach rechts, wobei ich gleichzeitig mein rechtes Knie gebeugt halten kann. Ich habe keine Balance-Probleme, fühle mich in einer starken Ausgangsposition und bin bereit, richtig zuzuschlagen.

Eine athletische Ansprechhaltung

G olf setzt wie jede andere Sportart Bewegung voraus. Man muss sich in einem athletischen, allzeit bereiten körperlichen Zustand befinden, um schnell auf jede Bewegung reagieren zu können, ohne dabei die Balance zu verlieren. Der Schlüssel zu einer guten Ansprechhaltung ist, Ober- und Unterkörper so aufeinander abzustimmen, dass ein Körperteil auf den anderen während des gesamten Schwungs unbehindert reagieren kann.

Zu wenig in den Knien

Wenn ich beim Ansprechen meine Knie durchgedrückt halte, muss ich mich zum Ausgleich stark vornüberbeugen, damit ich überhaupt an den Ball komme. Ein Garant für schlechte Balance im gesamten Schwung. Nur etwa 70 Prozent meiner körperlichen Möglichkeiten kann ich jetzt einsetzen, weil mein Unterkörper praktisch lahm gelegt ist. Ich muss alles aus dem Oberkörper heraus machen, und ob ich bei solchen Voraussetzungen den Ball überhaupt über meinen Schatten schlagen kann, darf bezweifelt werden.

Zu sehr in den Knien

So stehen viele Amateure da. Eine solche Beugung der Knie schränkt die volle Schulterdrehung während des Rück- und Vorschwungs entschieden ein. Ein kürzerer Schwungradius aber kostet Länge und Genauigkeit. Ein weiteres Problem entsteht, weil jetzt der Schläger zu flach aufgesetzt wird. Das Schlägerblatt reagiert darauf mit der Tendenz, sich nach links zu öffnen, was einen Pull oder Slice nach sich zieht.

DER SCHLÄGERKOPF STEHT AUF SEINER FERSE. DAS IST ZU FLACH.

ICH KÖNNTE AUCH IN EINEM BETONBLOCK GEFANGEN SEIN, DENN MEINE BEINE KÖNNEN SICH NICHT AM SCHWUNG BETEILIGEN.

Der volle Schwung

Perfekte Beugung der Knie

Ich bemühe mich um so viel Kniebeugung, dass ich ein gutes Balancegefühl habe und mich »sprungbereit« fühle. Ich habe fast das Gefühl, schwerelos zu sein. Mein Gewicht ist jetzt gleichmäßig zwischen Zehen und Fersen verteilt, und meine Schultern und Hüften können sich unbehindert drehen, wobei sie von den Beinen und Füßen nachhaltig unterstützt werden. Golf ist ein Spiel von unten nach oben. Das heißt, die Füße, die Beine und die Hüften leiten in dieser Reihenfolge den Vorschwung ein. Wenn die Knie dabei korrekt gebeugt sind, lässt sich der Unterkörper sehr gut aktivieren, bevor die Schultern, Arme und Hände ins Spiel kommen. Gerade die richtige Reihenfolge im Bewegungsablauf ist von großer Bedeutung.

WIE BEI EINEM »SHORTSTOP« IM BASEBALL KANN ICH MICH IN ALLE RICHTUNGEN FREI BEWEGEN.

Perfekt schwingen

Der genaue Abstand zum Ball

Der Abstand zum Ball ist eng verbunden mit der Körperhaltung und dem Beugen der Knie. Der korrekte Abstand ist essenziell für einen guten Schwung. Wer zu nah am Ball oder zu weit weg steht, wird während des Schwungs zu allerhand Ausgleichsbewegungen gezwungen sein, damit vermeintlich alles wieder auf die Reihe kommt. Ausgleichsbewegungen aber tun nie gut.

Oben links – Zu nah am Ball: Das führt zu den bereits angesprochenen steifen Knien. Auch ist die Wirbelsäule jetzt zu aufgerichtet. Die Arme können daher nicht unbehindert schwingen, die Schultern nicht in korrekter Ebene drehen und ich wäre daher gezwungen, sowohl im Rück- als auch im Vorschwung viel zu steil zu schwingen. In der Folge kann der Ball sich völlig unberechenbar verhalten, und wetten können Sie zudem, dass er nicht weit fliegt.

Unten links – Zu weit weg vom Ball: Dies ist eine grauenhafte Position. Um überhaupt noch an den Ball zu kommen, muss ich meine Arme übertrieben vom Körper wegstrecken. Ich bin zu weit nach vorn gebeugt und auch zu tief in den Knien. Es ergibt sich daraus die Tendenz, im Rückschwung aufzustehen und sich dann mit dem gesamten Körper in den Vorschwung zu werfen. Der Ball geht irgendwohin, aber mit Sicherheit nicht geradeaus.

Rechte Seite – Der genau richtige Abstand: Die äußeren Zeichen, dass ich richtig am Ball stehe, sind eindeutig. Meine Arme können unbehindert herunterhängen, ein klein wenig außerhalb der Vertikalen. Meine Knie haben sich natürlich gebeugt und auch der Oberkörper. Mein Körpergewicht ist gleichmäßig zwischen Zehen und Fersen verteilt. So kann ich mich zurück- und vordrehen, ohne die in der Ansprechhaltung eingenommenen Körperwinkel verändern zu müssen. Für meinen Schwung habe ich damit die besten Voraussetzungen geschaffen, mit meinen Armen, meinen Händen und meinem Schläger ideal an den Ball zu kommen.

Wohl und Wehe der Ballposition

Eine schlechte Ballposition ist ein unauffälliges Übel. Wenn Sie Ihren Ball nicht exakt in Relation zu Ihrem Stand ansprechen, dann spielen nicht Sie mit dem Ball, sondern er mit Ihnen. Instinktiv machen Sie in Ihrem Schwung Korrekturbewegungen, um überhaupt noch einigermaßen an den Ball zu kommen. Auf solcher Basis kann man nicht konstant gutes Golf spielen.

Auf der anderen Seite: Wenn Ihre Ballposition in Relation zum gewählten Schläger korrekt ist, können Sie während des Schwungs eigentlich gar nichts mehr falsch machen.

Der Abstand der Hände vom Körper ist immer gleich
Unabhängig vom Schläger, den ich gerade in der Hand halte, ist der Abstand meiner Hände von meinen Oberschenkeln immer der gleiche – ein hervorragender Anhaltspunkt. Obwohl die Länge des Drivers naturgemäß eine Ballposition mit größerem Abstand vom Körper als bei allen anderen Schlägern nach sich zieht, reagiere ich keinesfalls damit, dass ich die Arme in Richtung Ball ausstrecke. Schauen Sie sich an, wie mein Driver plan aufliegt. Das Gleiche trifft für alle anderen Schläger zu, denn je kürzer sie werden, umso steiler steht der Schlägerschaft.

Fehler, die man häufig sieht
Schwächere Spieler sind eigentlich immer auf die gleichen Fehler programmiert. Sie tendieren mit ihren längeren Schlägern zu einer Ballposition zu weit zurück im Stand, möglicherweise weil sie fürchten, im Treffmoment sonst nicht an den Ball zu kommen. Als Folge können sie sich im Rückschwung nicht mehr weit genug vom Ball wegdrehen. Bei Schlägen mit dem Driver kommt es dann zu schlecht getroffenen Bällen, zu Pulls und Slices.

Bei den kürzeren Schlägern gehört zu den häufigsten Fehlern, dass der Ball in der Regel zu weit vorn im Stand liegt.

BEI KÜRZEREN EISEN LIEGT DER BALL NÄHER ZUM KÖRPER, DIE HÄNDE ABER HABEN IMMER DEN GLEICHEN ABSTAND VOM KÖRPER.

DRIVER   EISEN 5   WEDGE

Der volle Schwung

Der Beginn des Rückschwungs

Los geht's mit der eigentlichen Faszination Golf. Wir starten den vollen Schwung, indem wir den Schläger sich von Anfang an korrekt bewegen lassen. Beachten Sie: Ich sagte *den Schläger*, nicht Ihren Körper. Der Grund dafür, dass wir bisher so hart an der richtigen Ansprechhaltung gearbeitet haben, ist, dass der Körper jetzt den Schläger auf den richtigen Schwungbogen und in die gewünschte Schwungebene bringt.

Der Start »auf der Linie«
Bis zur Hälfte Ihres Rückschwungs sollte der Weg des Schlägers parallel zur Ziellinie verlaufen. Das erreichen Sie, wenn Schultern, Arme und Hände sich synchron bewegen. Ist die Bewegung auf diese Weise eingeleitet, ist es ein Leichtes, am Ende des Rückschwungs in die ideale Position zu kommen.

Nicht nach innen
Ich selbst bin diesem Fehler lange Zeit erlegen – er ist tödlich. Bewegt sich der Schläger nach dem Start zu sehr nach innen, wobei der Schaft nach rechts vom Ziel weist, macht dies Ausgleichsbewegungen notwendig – Schönheitskorrekturen, wie ich sie nenne. Anderenfalls ist die korrekte Schwungebene nicht mehr zu erreichen. Käme ich nämlich auf gleicher Ebene im Vorschwung zurück zum Ball, ist ein Push – der Ball geht nach rechts – mit allergrößter Wahrscheinlichkeit die Folge.

Der volle Schwung

Sechs Regeln für einen guten Rückschwung

Hier demonstriere ich Ihnen die sechs wesentlichen Elemente für eine perfekte Position am Ende des Rückschwungs.

- Mein rechter Ellenbogen geht vom Körper weg, dabei muss er aber immer in Richtung Boden weisen.

- Meine linke Schulter ist unter das Kinn gedreht. Das geht dann besonders leicht, wenn ich mein Kinn während des gesamten Schwungs hoch halte.

- Mein Schlägerblatt ist am Ende des Rückschwungs square, das heißt, es verläuft parallel zum linken Unterarm.

- Ich halte mein rechtes Knie genauso gebeugt wie beim Ansprechen.

- Meine linke Ferse steht fest auf dem Boden und sorgt für eingeschränkte Hüftdrehung, wodurch sich mehr Körperspannung aufbaut.

- Mein Gewicht hat sich auf die rechte Ferse verlagert.

Perfekt schwingen

MEIN RECHTER ELLENBOGEN ZEIGT NACH UNTEN.

Der volle Schwung

Das magische Dreieck

Je länger Ihr Rückschwung ist und je mehr Sie sich dabei aufdrehen, desto mehr Energie steht Ihnen beim Vorschwung zur Verfügung. Eine große Schulterdrehung ist dafür die erste Voraussetzung, ebenso die Arme. Mein Schwunggedanke ist: »oben weit«. Ich schiebe meinen linken Arm so weit wie möglich weg von meinem Kopf, und mein rechter Arm folgt ihm. Beide Unterarme bilden mit den Ellenbogen ein Dreieck, das dazu beiträgt, das Schlägerblatt in squarer Position zu halten und den Schläger damit in der korrekten Schwungebene.

Vermeiden Sie den gefürchteten »fliegenden Ellenbogen«
Wenn Sie Ihren linken Arm vom Körper wegstrecken, sollte das nicht dazu führen, dass sich Ihr rechter Ellenbogen unkontrolliert nach außen bewegt und quasi in den Himmel weist. Schauen Sie sich an (unten links), wie dabei das Dreieck nach rechts ausgerichtet ist. Der »fliegende rechte Ellenbogen« zeigt, dass Ihr Rückschwung alles andere als kompakt ist und dass die Arme überhaupt nicht dem folgen, was der Körper vorgibt. Ihr Vorschwung verliert dadurch Power und Genauigkeit.

Zu nah »zusammen« ist auch nicht gut
Die andere Art, Ihr Dreieck zu ruinieren, ist, Ihren rechten Ellenbogen zu sehr an den Körper angepresst zu halten. Das verkürzt den Schwungbogen und macht es schwierig, im Vorschwung die Arme und den Körper koordiniert zusammenarbeiten zu lassen.

ELLENBOGEN ZU HOCH

ELLENBOGEN ZU TIEF

Üben schafft Wiederholbarkeit

Die meisten Golfspieler genießen jene Momente, in denen Ihr Schwung so richtig funktioniert. Sie spielen dann eine Zeit lang sehr erfolgreiches Golf. Auf der anderen Seite fallen sie dann immer wieder in ein tiefes Loch, wenn gar nichts läuft. Der Schwung funktioniert nicht, und die Bälle fliegen nicht dahin, wohin man gezielt hat.

Mein Ziel – es mag ein unrealistisches sein – ist, meinen Schwung in einem solchen Maße in meinem Körper zu verankern, dass ich jederzeit mein bestes Golf spielen kann. Das gelingt, wenn überhaupt, nur auf eine einzige Art und Weise: üben, üben und nochmals üben. Schon lange bin ich der festen Überzeugung, dass es Schnellschüsse und Blitzerfolge im Golf nicht gibt. Die beste Methode, die richtigen Bewegungen in sich zu verankern, ist die Wiederholung.

Einige Spieler sehen das tägliche Üben als Sklavenarbeit an. Ich liebe es. Gib mir einen Korb Bälle, einen neuen Handschuh, meine Schläger und eine hübsche Übungswiese, und ich bin der glücklichste Mensch der Welt. Manche Spieler mögen mir von Zeit zu Zeit im Wettkampf überlegen sein, im Üben aber schlägt mich keiner.

Der Schläger ist »abgelegt«
Zeigt der Schläger am Ende des Rückschwungs nach links vom Ziel, dann wird wohl Ihr Vorschwung auf einer Ebene von außen nach innen verlaufen, der Ball wird zum Slice oder Pull.

Der Schläger »kreuzt« die Ziellinie
Wenn der Schläger nach rechts vom Ziel weist, haben Sie die Linie zum Ziel gekreuzt und werden voraussichtlich zu sehr von innen an den Ball kommen. Das führt zu einem Blocken nach rechts oder zu einem gewaltigen Hook.

DER SCHLÄGER FÜHLT SICH SCHWERER AN ALS ER SOLLTE, UND VON BALANCE KANN KEINE REDE SEIN.

AUS DIESER POSITION NIMMT DER SCHLÄGER EINEN KOMPLIZIERTEN WEG ZURÜCK ZUM BALL.

Perfekt schwingen

Die Schwerkraft bringt's

Je höher die Schlägerkopfgeschwindigkeit im Treffmoment, umso weiter fliegt der Ball – eine simple Feststellung. Dies aber beim Vorschwung in die Tat umzusetzen, ist leichter gesagt als getan. Ein Problem, mit dem sich fast jeder Spieler herumschlägt, ist, sich in den Vorschwung hineinzuwerfen – alles sozusagen loszulassen, wenn der Rückschwung beendet ist. Wenn Sie das machen, läuft nichts in der notwendigen Reihenfolge ab. Die Schultern sind schneller als die Arme, die Arme schneller als die Hände und diese wiederum schneller als der Schläger. Alle Geschwindigkeit wird zu früh freigesetzt, und der Schlägerkopf hat seine Höchstgeschwindigkeit schon hinter sich, bevor er den Ball trifft, anstatt erst dann voll zu beschleunigen.

Ich mache es so, dass ich mein Gewicht einfach zurück auf die linke Seite bringe und dann meine Arme mit dem Schläger vor meine Brust herunterfallen lasse. Ich möchte nicht, dass sich meine Schultern so früh nach vorn drehen, dass sie sich vor meinen Armen befinden. Dadurch dass ich meinen Armen einen frühen Start erlaube, arbeiten sie synchron mit den Schultern zusammen, und dieses somit gebildete Kraftpaket trifft dann auf den Ball. Ein solchermaßen gutes Timing sorgt für kilometerlange Bälle, wobei der Aufwand vergleichsweise gering ist.

TIGERS ERFOLGSGESCHICHTE
Schwunghilfen

Ich bin sehr glücklich, in einer Zeit zu leben, in der es so viele technische Hilfsmittel gibt, die mein Spiel verbessern, mich schneller zum Erfolg führen und das Verständnis für den Golfschwung vertiefen. Es gibt natürlich viele Möglichkeiten des Hilfreich-unter-die-Arme-Greifens, die Technik ist nur eine davon. Jeder Neuerung, die aus mir einen besseren Spieler macht, stehe ich sehr aufgeschlossen gegenüber.

Ich besitze eine ganze Reihe von Schwunghilfen und nutze sie eigentlich alle. High-speed-Videokameras machen es möglich, meinen Schwung von den unterschiedlichsten Perspektiven her zu studieren und dabei auch den kleinsten Fehler zu erkennen. Es gibt eigentlich nichts mehr, was mir in meinem Schwung unbekannt ist. Nach einem schlechten Schlag weiß ich sofort, woran es gelegen hat. Meine Schläger sind exakt nach meinen Bedürfnissen gefertigt. Lofts, Lies, die Härte der Schäfte und die Gewichte – alles wird mit größtmöglicher Präzision für mich hergestellt. Ich spiele einen Ball, der genau die erwartete Flugbahn hat und den nötigen Spin annimmt. Mein Konditionstraining ist zielgenau auf Golf ausgerichtet. Kraft, Beweglichkeit und Ausdauer sind die beherrschenden Faktoren. Ich habe eine Menge gelernt über die richtige Ernährung und auch über die allgemeine Physiologie des Menschen. Mein sportpsychologisches Wissen hat mich ein besserer Spieler werden lassen, sowohl in emotionaler Hinsicht als auch in intellektueller.

All das hat dazu beigetragen, meinen Schlag mit einem Stock nach einem Ball zu verbessern. Und was für mich wirklich aufregend ist: Die Entwicklung geht weiter. Was ist Schöneres denkbar, als ein noch besserer Golfer werden zu können!

Der volle Schwung

Es zahlt sich aus

In diesen Schwung habe ich mich mit allem »ins Zeug gelegt«, was ich habe. Meine Ansprechhaltung war gut, der Rückschwung langsam und fließend, und das Timing im Vorschwung war genau richtig. Nachdem ich Tausende Aufnahmen von mir in gleicher Situation studiert habe, kann ich Ihnen sagen, wo genau dieser Ball landete – nach etwa 280 Metern in der Mitte des Fairways. Der Draw betrug etwa 3 Meter. Genau so soll es sein.

Alles, was ich mit dem Schläger mache, angefangen vom Herausziehen aus dem Bag, ist genau auf diesen Augenblick ausgerichtet. Bei mir kommt während der Schwungvorbereitung immer ein Moment, in dem ich das Gefühl habe, jetzt passt alles zusammen und ich kann ganz zuversichtlich loslegen. Es passiert nicht bei jedem Schwung, aber doch ziemlich oft, und jedes Mal bekomme ich eine Gänsehaut, wenn ich nur daran denke. In diesem Moment hat sich alles in mir geradezu brennglashaft auf das Treffen des Balls verdichtet. Da ist nichts mehr von Wissenschaft zu spüren, nichts bewusst Gewolltes, sondern nur noch das reine Vergnügen.

Perfekt schwingen

·5·
DIE EISEN AN DEN STOCK NAGELN

TOT AN DIE FAHNE

Insgesamt betrachtet ist Golf einfacher während des Tags als in der Nacht zu spielen. Schon als Kind wurde ich mit dieser recht simplen Wahrheit vertraut. Damals spielte ich des öfteren mit meinem Vater noch so spät am Abend, dass es auf dem Militärplatz nahe unserem Haus schon ziemlich dunkel war. Und ich musste es erneut lernen während der Finalrunde des 2000 NEC Invitational, die im Firestone Country Club abgehalten wurde. Ich lag sicher in Führung, als es an das letzte Loch ging, aber es war schon so finster geworden, dass die Zuschauer ums Grün herum wie bei einem Rockkonzert ihre Feuerzeuge anzündeten. Diese Situation war entstanden, weil es vorher eine dreistündige Regenpause gegeben hatte, und jetzt konnte ich kaum noch die Fahne ausmachen.

Mein Ball hatte, soweit ich das erkennen konnte, eine gute Lage im Semirough. Zur Fahne waren es etwa 150 Meter. Eines wollte ich unbedingt vermeiden – einen wirklich schlechten Schlag zu machen, der zu einem Double Bogey oder zu einem noch schlechteren Ergebnis führen würde. Ich hatte zwar 10 Schläge Vorsprung, dennoch sollte es ein möglichst stilvoller Abschluss werden.

Ich nahm ein Eisen 8 und machte eine Reihe von Probeschwüngen, um ein Gefühl dafür zu bekommen, wie und wo mein Schlägerkopf Bodenberührung hatte. Ich wusste, der Boden ist hart, und war mir sicher, dass ein ganz normales Eisen 8 die richtige Wahl ist. Ich sprach den Ball an, schlug zu und hoffte das Beste. Ich sah den Ball noch davonfliegen, nach 30 Metern etwa verlor ich ihn aber schon aus den Augen, eine größere Sichtweite ließ die Dunkelheit nicht zu. Das Nächste, was ich wahrnahm, war ein Riesenbeifall der Zuschauer. Mein Ball war 60 Zentimeter vor dem Loch gelandet, der Putt nur ein Antippen, und das Birdie bescherte mir den Sieg, den ich mir gewünscht habe.

Zurückblickend hätte ich auch einen Pitching Wedge nehmen und den Ball kurz vor das Grün legen können, um den Bunkern und allen anderen Schwierigkeiten aus dem Weg zu gehen. Immer aber, wenn ich ein Eisen in der Hand halte, rät mir mein Instinkt zu Aggressivität. Die Eisen sind im Golf die Angriffswaffen. Wenn ich ein Eisen aus meinem Bag ziehe, bin ich immer besonders motiviert, denn jetzt entscheidet sich, ob es ein Birdie wird oder nicht. Nur wer die Bälle nah an die Fahne schlagen kann, ist in der Lage, wirklich niedrig zu scoren.

Die Eisen an den Stock nageln

DAS DIVOT GIBT BEREDTES ZEUGNIS, WIE ICH NACH UNTEN AUF DEN BALL GESCHLAGEN HABE.

Ein physikalisches Gesetz

Aus wissenschaftlicher Sicht erweist sich Golf als ein Spiel der Gegensätzlichkeiten. Vieles, was zu geschehen hat, um einen Ball korrekt zu treffen, läuft unserem Instinkt völlig zuwider. Zum Beispiel: Ein Slice, ein Ball also, der in einer Kurve nach rechts fliegt, wird aus einer nach links von der Ziellinie verlaufenden Schwungebene getroffen. Die Griffstärke ist ein weiteres Beispiel: Wenn Sie den Schläger fest anpacken, weil Sie möglichst weit schlagen wollen, wird der gesamte Schwung langsamer, denn angespannte Muskeln lassen sich nicht so schnell bewegen wie lockere.

Das beste Beispiel aber findet sich im Spiel mit den Eisen. Soll der Ball hoch in die Luft gehen, müssen Sie quasi von oben nach unten auf den Ball schlagen. Zahllose Spieler machen genau das Gegenteil, sie versuchen den Ball mit ihrem Schwung hoch zu löffeln. Das aber lässt den Ball alles andere als hoch fliegen – er wird getoppt oder bestenfalls dünn getroffen. Gezielt nach unten zu schlagen bringt den Ball nicht nur in die Luft, sondern er bekommt Backspin mit auf den Weg, wodurch die Flugbahn stabilisiert wird.

Wenn der Schlägerkopf nach unten geht, sorgen die Bewegungsgesetze dafür, dass der Ball nach oben fliegt.

Wichtig: die Ballposition

Der Schläger befindet sich während des Schwungs auf einer kreisförmigen Bahn mit einem Zentrum, das sich knapp unterhalb des Brustbeins befindet. Um den Ball zu treffen, noch bevor das Schlägerblatt Bodenberührung hat (bevor die tiefste Stelle des Schwungbogens erreicht ist), müssen Sie den Ball in Relation zum Körper entsprechend positionieren.

Der Driver: Die Ballposition ist auf Höhe der linken Ferse. Der Schlägerkopf befindet sich im Treffmoment am tiefsten Punkt des Schwungbogens oder sogar schon wieder leicht im Steigen. Der Driver ist der einzige Schläger, mit dem Sie den Ball jenseits des tiefsten Punkts im Schwungbogen treffen sollen.

Das Eisen 5: Die Ballposition ist leicht vor der Mitte des Stands. Trotz dieser Position relativ weit vorn im Stand kann ich mich gut nach unten bewegen, weil sich mein Körper im Vorschwung lateral nach vorn bewegt, wodurch sich naturgemäß auch der tiefste Punkt des Schwungbogens in Richtung aufs Ziel verschiebt.

Der Pitching Wedge: Mit meinem Wedge möchte ich noch entschlossener nach unten auf den Ball (und in den Boden) spielen. Die Ballposition ist jetzt genau in der Mitte des Stands. Mit dem kurzen Eisen habe ich weniger laterale Bewegung nach vorn, weil der Schwung generell kürzer ist. Der Ball weiter vorn im Stand würde daher keinen Sinn machen.

PITCHING WEDGE   EISEN 5   DRIVER

Die Eisen an den Stock nageln

Eine stabile Basis aufbauen

Für jeden Schlag sind Balance, Stabilität und Bewegungsfreiheit unabdingbare Voraussetzungen. Diese Faktoren werden maßgeblich von der Standbreite beeinflusst – wie weit also Ihre Beine beim Ansprechen des Balls gespreizt sind. Besonders wichtig wird dies bei den Eisen, weil diese Präzisionsschläger eine »felsenfeste« Basis erfordern, die Ihr Unterkörper schaffen muss.

▲ *Der Driver (ein Woods Special) vom Fairway:* Der breite Stand stabilisiert die enorme Schulterdrehung und die schnelle Oberkörperbewegung während des Schwungs. Stünde ich enger, wäre die Sway-Gefahr groß. Der breite Stand limitiert die Gewichtsverlagerung.

Der volle Schwung

▲ *Kurze Schläge:* Mein Schwung mit den kurzen Eisen ist nicht besonders lang, und ich schlage auch nie mit vollem Körpereinsatz zu. Das ist der Grund, warum ich für solche Schläge auch keinen breiten Stand brauche. Beim Pitchen und Chippen ist der Stand noch enger.

◀ *Das Eisen 5:* Mit kürzer werdenden Schlägern wird auch mein Stand zunehmend enger. Er ist aber immer noch breit genug, um mir die notwendige Balance zu gewähren, ohne dass er mich in meinen Bewegungen des Oberkörpers einschränkt. Bei jedem Schläger muss die Breite meines Stands immer genau gleich sein. Nur so erhalten die Schläge die angestrebte Präzision.

Die Eisen an den Stock nageln

Drei Dinge passieren, wenn ich meine Eisen kürzer greife: Ich schlage die Bälle noch etwas gerader, ihre Flugbahn wird flacher und sie bleiben nicht sofort liegen, wenn sie auf dem Grün landen.

EIN FLIESSENDER RÜCKSCHWUNG-START

Das Kinn hoch halten

Für jeden Schlag muss sich der Körper in einer guten Position befinden. Wenn ich den Ball anspreche, halte ich meinen Rücken ziemlich gerade und meine Knie ein klein wenig gebeugt. Auf diese Weise ist mein Körper in der Lage, sich in alle Richtungen unbehindert zu bewegen.

Eine der wichtigsten Voraussetzungen für eine gute Ansprechhaltung ist, dass das Kinn immer hoch gehalten wird. Das stellen Butch Harmon und ich immer wieder sicher. Der Grund ist, dass die linke Schulter während des Rückschwungs ausreichend Platz finden muss, sich unter das Kinn zu drehen.

Das Ergebnis
Wie Sie sehen können, drehen sich meine Schultern völlig unbehindert unter meinem Kinn. Das war nicht immer so. Zeitweilig stand ich so nah am Ball, dass ich mein Kinn senkte, nur um den Ball beim Ansprechen noch scharf sehen zu können. Manchmal fühlte ich mich dann richtig eingeengt. Mir fehlte der Platz, meine Schultern drehen und meine Arme schwingen zu können. Jetzt stehe ich weiter weg vom Ball und halte meinen Kopf während des gesamten Schwungs hoch. Die Änderung in meiner Körperhaltung sorgt dafür, dass ich mich in jeder Hinsicht frei bewegen kann – zurück und nach vorn.

Ein Eisen-9-Schlag ist weniger anfällig für Hook oder Slice als ein Eisen 5. Je größer der Loft des Schlägers, umso weniger Sidespin hat der Ball.

»Weit« ist der richtige Rückschwunggedanke

Ein gekonnter Rückschwung besteht aus einer Kombination von horizontaler und vertikaler Bewegung. Die meisten Amateure machen den Fehler, die Vertikale überzubetonen. Sie heben die Arme zu Schwungbeginn nur hoch und winkeln die Handgelenke sofort ab. Weil dadurch der Rückschwung zu steil ausfällt, ist auch der Vorschwung zu steil. Das Ergebnis ist dann, dass auf den Ball gehauen und nicht fließend durchgeschwungen wird.

Betonen Sie mehr die horizontale Bewegung beim Rückschwung. Das heißt, konzentrieren Sie sich auf einen wirklich weiten Schwungbogen gleich zu Beginn. Ich habe dabei immer das Gefühl, mit der einleitenden Schulterdrehung meine Arme und Hände betont vom Körper wegzustrecken. Meine Handgelenke beginnen sich ganz natürlich abzuwinkeln, wenn mein Schlägerkopf etwa Kniehöhe erreicht hat. Da baut sich Power auf und ich bin sicher, dass ich im Vorschwung nicht zu steil agiere.

Ein schlechter Start
Der Rückschwung-Start, den ich hier zeige, ist viel zu steil nach oben gerichtet. Der Schwungradius ist dann zu klein, und das Ganze lässt sich bis oben auch nicht mehr korrigieren. Sie können wetten, dass dann auch der Vorschwung zu steil ausfällt, was zu tiefen Divots führt und fett getroffenen Bällen – einfach zu ungenauen Schlägen.

NEIN
EIN ZU STEILER RÜCKSCHWUNG MIT ZU ENGEM RADIUS

Der volle Schwung

JA
WIE WEIT VOM KÖRPER WEG KANN ICH MEINE HÄNDE STRECKEN?

Die Eisen an den Stock nageln

Mein Rückschwung als Gesamtbewegung

Ich bin ein Befürworter eines betont ausladenden Rückschwungs. Ich lasse jedoch nicht zu, dass sich etwa meine Arme einfach nur vom Körper wegstrecken, denn das führt lediglich zu einem »vorgetäuschten« Rückschwung, wie ich das nenne. Der Rückschwung endet zwar mit der Schlägerposition parallel zur Ziellinie, aber nur, weil die Handgelenke extrem abwinkeln oder die Arme sich zu weit zurückbewegt haben. Das hat zur Folge, dass Sie mehr oder weniger nur mit den Armen und Händen auf den Ball schlagen.

Bei meinem Rückschwung ist alles gleichzeitig in Bewegung – die Hüften, Schultern, Arme und Hände. Die volle Schulterdrehung sorgt dafür, dass die Arme in eine kraftvolle Position zurückschwingen können, sodass am Ende des Rückschwungs ein wahres Kraftpaket in Bewegung gesetzt werden kann.

Rechter Arm am Körper
Eine Methode sicherzustellen, dass sich Ihre Arme vom Oberkörper nicht allzu selbstständig machen, ist, Ihren rechten Arm während des Rückschwungs in verschiedenen Positionen zu beobachten. Wenn Butch mit mir trainiert, achtet er darauf, dass ich meinen rechten Arm während der Schulterdrehung immer nahe an der rechten Oberkörperseite halte. Nicht so nah, dass es dabei zu Verkrampfungen kommt, doch nah genug, damit ich das Gefühl habe, dass sich die Arme vom Oberkörper nicht zu sehr separieren.

Die Eisen an den Stock nageln

Langsam nach vorn starten

Wenn gute Spieler über einen zu schnellen Schwung debattieren, meinen sie fast immer den Beginn des Vorschwungs. Dieser nämlich muss unter allen Umständen langsam ausfallen. Was Sie erreichen wollen, ist eine stete Zunahme der Geschwindigkeit, sodass alle Kraft spendenden Faktoren gebündelt werden und der Schlägerkopf seine maximale Geschwindigkeit genau im Treffmoment erreicht. Ein zu schneller Beginn lässt die Energie vorzeitig verpuffen. Man muss nicht Energie (mühsam) aufbauen, um sie dann vorzeitig zu vergeuden. Denken Sie immer daran, dass es in jedem Schwung nur einen kurzen Moment gibt, wo der Schlägerkopf Höchstgeschwindigkeit erreicht, und das sollte doch dann sein, wenn Sie den Ball treffen.

LANGSAM BIS HIERHER UND DANN VOLLE KRAFT VORAUS

Abwärts und durch

Einer der Schlüssel für jedes gute Balltreffen ist, *durch* ihn zu schlagen und nicht nur nach ihm. Meine Vorstellung ist, dass der Ball quasi nur im Weg liegt, wenn mein Schlägerkopf durch die Treffzone fegt. Mein Schwung bricht auch keineswegs ab, nachdem der Ball getroffen ist. Im Gegenteil: Ich versuche, so weit es geht, den Schlägerkopf auch noch nach dem Treffmoment auf der Ziellinie entlang zu beschleunigen.

TIGERS ERFOLGSGESCHICHTE
Ein geplanter Fehlschlag

Auch mein Schwung ist nicht jeden Tag gleich. Das ist nun einmal so beim Golf. Aus unerklärlichen Gründen sind Ihre schlechten Schläge an einem Tag Pulls nach links, an einem anderen Tag Fades ein wenig zu weit nach rechts. Solche Abweichungen im Ballflug sind nicht unbedingt eine Katastrophe, Sie müssen ihnen nur Rechnung tragen.

Die diesbezügliche Erfahrung lehrte mich die Mercedes Championship 1997, in der ich nach dem 54. Loch gleichauf mit Tom Lehman lag. Starker Regen stoppte die letzte Runde, kaum dass sie begonnen hatte, und es kam daher zu einem Play-off zwischen Tom und mir.

Es begann bei leichtem Regen und am 7. Loch, einem 170 Meter langen Par 3. Es war ziemlich kalt. Tom hatte die Ehre und hätte sich besser gefühlt, wenn er mit seinem Ball nicht links vom Grün im Wasser gelandet wäre. Ich brauchte also nur Par zu spielen, um zu gewinnen. Die Fahne, die links gefährlich nah am Wasser stand, brauchte ich dazu nicht unbedingt anzugreifen. Tom hatte damit ja bereits schlechte Erfahrung gemacht. Ich zielte also bewusst auf die rechte Seite und berücksichtigte bei meiner strategischen Überlegung etwas, was ich kurz zuvor an meinem Schlag festgestellt hatte: Die schlechten Schläge während meines Einspielens auf der Driving Range gingen alle nach links. Ich zielte jetzt also betont nach rechts. Würde der Ball geradeaus fliegen, blieben mir zwei Putts zum Gewinn; würde es ein Hook ein wenig nach links, umso besser.

Ich schlug ein Eisen 6, und tatsächlich ging der Ball deutlich nach links, fast noch mehr, als ich einkalkuliert hatte. Der Ball landete 20 Zentimeter vom Loch entfernt und blieb tot liegen. Ich lochte ein zum Birdie, gewann den Pokal und hatte eine Probe in erfolgreicher Platzstrategie abgelegt. Noch heute will ich diese Erfahrung nicht missen.

Die Geschichte von zwei Divots

Das Gütezeichen eines guten Eisenspielers ist die Fähigkeit, Spin, die Flugkurve des Balls und auch die Länge des Schlags genau abschätzen zu können. Ich konnte das lange Zeit nicht. Erst nach meinem Sieg bei dem Masters 1997 änderte sich das. Nach einer langen Periode gezielten Übens konnte ich meine Eisen so schlagen, wie ich wollte. Eine der Schwungkorrekturen, die ich vornahm, schlug sich im Aussehen meiner Divots nieder, besonders bei mittleren und kurzen Eisen. Vor 1997 waren es immer dicke, schwere Grasstücke, die ich herausschlug. Es mag ja eindrucksvoll ausgesehen haben, wenn sie durch die Luft flogen, aber sie zeigten, dass mein Schwung zu steil war und dass ich mein Schlägerblatt im Treffmoment geschlossen hatte. Als Ergebnis konnte ich dem Ball keinen berechenbaren Spin mitgeben, auf die Flugkurve und die Länge des Schlags war zu keiner Zeit Verlass. Die entscheidende Änderung meines Schwungs führte zu einer flacheren Schwungebene, sodass mein Schlägerkopf den Ball in einem flacheren Winkel attackierte.

Nach dieser Korrektur waren die Divots zwar immer noch lang, aber nicht mehr tief, sie hatten die Maße einer Dollarnote. Natürlich kann ich immer noch ein tiefes Divot schlagen, aber mein Standarddivot ist jetzt lang und flach.

EIN DIVOT LÄSST SICH KAUM AUSMACHEN – GENAU SO HABE ICH ES GEWOLLT.

DIESES DIVOT IST ZU GROSS!

Weitere Gründe für ein zu tiefes Divot

Es gibt noch andere Gründe, warum ein Divot zu tief und damit irregulär ist. Es könnte Ihr Ball zu weit zurück im Stand platziert sein, was einen zu steilen Auftreffwinkel des Schlägerkopfes auf den Ball provoziert. Auch könnte es daran liegen, dass Sie den Ball nur mit Ihren Armen und Händen attackieren, anstatt dabei Ihre Schultern zu gebrauchen. Auch der Schwung von außen nach innen könnte eine Ursache sein. Das erkennen Sie daran, dass das Loch des Divots nach links vom Ziel weist.

Die Eisen an den Stock nageln

Ein elegantes Finish

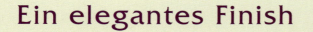

Wenn Sie mein Finish betrachten, spiegelt sich in diesem alles Vorhergegangene wider. Schauen Sie, wie weit sich meine Arme vom Körper wegstrecken. Das zeigt einen vollen, weiten Rückschwung an mit gutem Hinter-dem-Ball-Bleiben im Treffmoment. Sehen Sie den Grad der Schulterdrehung nach vorn? Ein Beweis, dass eine volle Schulterdrehung den Schwung beeinflusst hat und nicht nur meine Arme und Hände. Schließlich: Die Schlägerspitze zeigt auf den Boden, was beweist, dass ich nicht exzessiv mit den Händen durch den Ball rotiert habe. Um in diese Stellung zu kommen, muss ich mit dem Schläger ganz natürlich durch den Ball gehen.

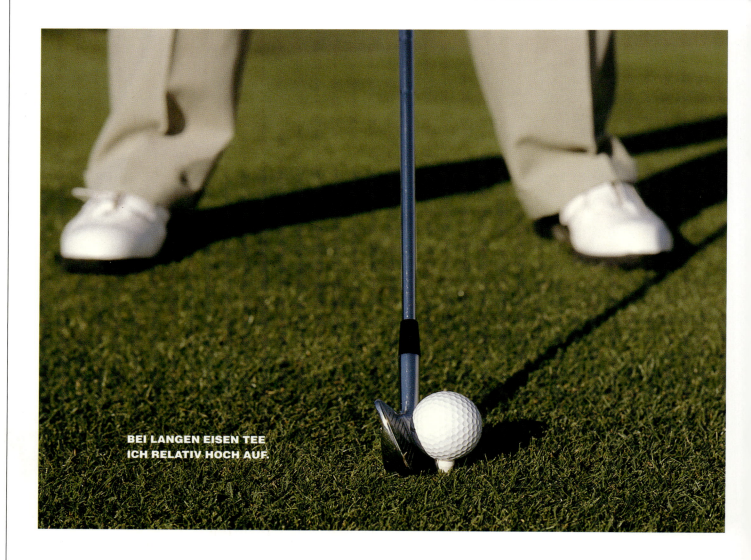

BEI LANGEN EISEN TEE ICH RELATIV HOCH AUF.

Die Kunst, richtig aufzuteen

Wenn ich ein Par 3 zu spielen habe, ist es für mich erste Bürgerpflicht, ein Tee zu benutzen. Wie mein Idol Jack Nicklaus einmal sagte, »Luft bietet weniger Widerstand als die Erdkrume.« Ein Tee zu verwenden garantiert einen soliden Ballkontakt.

Wie hoch ich den Ball auftee, hängt davon ab, welcher Schläger zum Einsatz kommt und wie viel Spin ich dem Ball mitgeben muss. Bei langen Eisen tee ich ungefähr 1,5 Zentimeter hoch auf. Das ist zwar ziemlich hoch, da ich aber den Ball mit langen Schlägern eher nach vorn fege, besteht wenig Gefahr, dass ich den Ball unterschlage. In meiner Vorstellung, nur die Grasspitzen zu berühren, treffe ich den Ball so sauber, dass ich das Tee praktisch nicht berühre, es bleibt in der Regel im Boden stecken.

Mit den kürzeren Eisen von 7 bis 9 tee ich den Ball sehr viel niedriger auf, nur knapp über dem Boden. Mein Schwung fällt bei den kurzen Eisen naturgemäß steiler aus, sodass ich mehr von oben an den Ball komme.

Der volle Schwung

Ich denke, bevor ich schlage

Die meisten Amateure, mit denen ich zusammen spiele, haben bei ihren Annäherungsschlägen nur zwei Dinge im Kopf: Sie spielen das Grün irgendwie an und hoffen auf einen Birdie-Putt – eine etwas breit angelegte Strategie. Oder Sie zielen jedes Mal direkt auf die Fahne, ohne dabei ins Kalkül zu ziehen, was passiert, wenn der Schlag daneben geht – eine etwas eindimensionale Betrachtungsweise.

Ich versuche immer, einen ganz bestimmten Punkt auf dem Grün anzuspielen, der je nach Erfordernis nahe am Loch ist oder eben auch nicht. Ich berechne im Voraus die Putts, die ich von dieser oder jener Stelle aus zu spielen hätte, und ich versuche, das Risiko missglückter Schläge zu minimieren. Diese Strategie hat sich in meiner Karriere als recht erfolgreich erwiesen, besonders etwa auf dem Masters-Platz von Augusta National, wo es die zum Teil schwierigen Grüns notwendig machen, eine Stelle anzuspielen, die 6 oder mehr Meter von der Fahne entfernt ist.

Was ich sagen will: Nicht einfach nur den Schläger nehmen und losdonnern. Zum erfolgreichen Eisenspiel gehört clevere Platzstrategie und nicht nur ein gelungener Schlag. Denken Sie also, bevor Sie schlagen. Nur so vermeiden Sie hohe Scores.

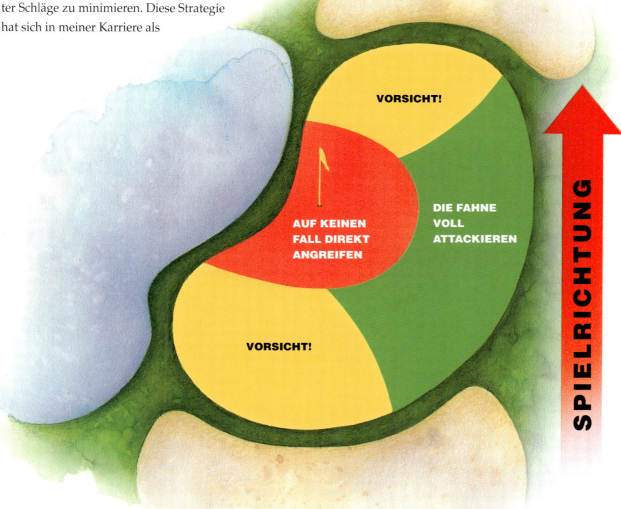

Die Eisen an den Stock nageln

Das Eisen 2: mein »Stachel«

Als Butch Harmon 1998 mit mir zu arbeiten begann, trainierten wir einen Spezialschlag mit meinem Eisen 2. Ich nenne diesen Schlag jetzt meinen »Stachel«, weil er sich fantastisch durch den Wind bohrt und nach der Landung noch mehr als 70 Meter rollt. Der Ball wird dabei niedrig aufgeteet, er liegt deutlich zurück im Stand. Meine Hände befinden sich beim Ansprechen vor dem Ball und auch meine Knie sind mehr als gewöhnlich gebeugt.

Ich drehe meine Schultern voll auf und halte die Beugung der Knie bei. Den Vorschwung starte ich betont langsam, Arme und Hände immer vor der Brust. Ich schlage bewusst nach unten, aber nicht in zu steiler Schwungebene. Ich gehe betont durch den Ball, halte aber meine Balance aufrecht. Um gerade zu sein, führe ich den Schlägerkopf lange auf der Ziellinie nach vorn. Mein Finish ist etwas kürzer als mit den anderen Schlägern.

Bitte umblättern →

Die Ausrüstung für Erfolge

Immer wieder bitten mich die Leute, sie meine Schläger anschauen zu lassen. Sie wollen wissen, welche Schläger ich mitführe und von welcher Spezifikation sie sind. Ich kann Ihnen verraten, ich spiele geschmiedete Blades, die absolut nichts verzeihen. Und ich liebe sie. Sie geben mir ein großartiges Gefühl und erlauben exakte Rückschlüsse auf die Schläge. Für einen Durchschnittsgolfer sind sie zu schwer zu spielen. Die meisten Amateure kommen besser mit High-Tech-Schlägern zurecht, die auch bei nicht voll im Sweet Spot getroffenen Bällen gute Ergebnisse zulassen und die die Bälle sozusagen von allein in die Höhe bringen.

Der Blick in mein Bag zeigt, dass ein Eisen 2 und 3 dabei sind. Wenn Sie kein Handicap-4-Spieler oder besser sind, also ein Mensch, der keine hohe Schlägerkopfgeschwindigkeit erzeugen kann, dann sind so lange Eisen nicht unbedingt geeignet. Sie spielen sich wirklich nicht einfach und kommen pro Runde ohnedies nicht öfter als ein- oder zweimal zum Einsatz. Ich rate Ihnen, unter solchen Voraussetzungen eher ein Holz 5 oder gar 7 zu benutzen. Sie sind vergleichsweise einfach zu spielen und sparen eine Menge Schläge.

Was Sie genauso wie ich im Bag haben sollten, ist mehr als einen Sand Wedge. Ein einziger Sand Wedge tut es heutzutage nicht mehr. Benutzen Sie zusätzlich einen Lob Wedge (mit einem etwa 60° Loft). Sie werden damit sicherlich einige Pars mehr retten.

HERKÖMMLICH, ABER SPEZIELL AUF MICH ZUGESCHNITTEN

Gedanken zum Schluss

Einer der besten Gedanken für ein gutes Eisenspiel ist, alles so einfach wie möglich zu gestalten. Für die unterschiedlichsten Situationen – ich könnte eine schier endlose Zahl nennen – tut es eine ganz normale Bewegung, und Sie kommen mit fast allen gestellten Aufgaben gut zurecht. Gehen wir nochmals die wichtigsten Aspekte durch, um mit den Eisen solide, wiederholbare Schläge zu machen.

■ Je länger der Schläger, umso weiter vorn im Stand positioniere ich den Ball.

■ Die längeren Eisen spiele ich mit einer fegenden Bewegung nach vorn. Mit den kurzen schlage ich betont nach unten in den Boden. Ich vertraue dabei dem Loft des Schlägers. Dieser sorgt dafür, dass die Bälle hoch in die Luft gehen.

■ Mein Rückschwung mit den Eisen ist kürzer als mit Hölzern.

■ Für ein gutes Timing beginne ich den Vorschwung langsam.

■ Zuerst trifft der Schlägerkopf den Ball und dann erst den Boden. Mein Divot beginnt dort, wo der Ball den Schlägerkopf verlassen hat.

■ Ich schwinge nicht mit vollem Krafteinsatz. 80 Prozent sind für normale Schläge völlig ausreichend.

■ Je schlechter die Lage, umso weiter zurück im Stand liegt der Ball beim Ansprechen.

■ Ich tee grundsätzlich auf, auch an den Par 3-Löchern. Jeden Vorteil, der sich bietet, nehme ich mit.

■ Das perfekte Divot hat in etwa das Aussehen und die Größe einer Dollarnote.

·6·
DIE FAIRWAY-HÖLZER OPTIMAL TREFFEN

DER UMGANG MIT DEN VIELSEITIG EINSETZBAREN SCHLÄGERN

Während viele Golfer ihr Holz 3 fast ausschließlich für Schläge vom Fairway gebrauchen, schlage ich bevorzugt damit ab. Weil Länge für mich kein Problem ist, ziehe ich das Holz 3 dem Driver vielfach vor, vor allem um den Ball im Spiel zu halten. Manchmal aber an den Monster-Par-5-Löchern, die nur schwer mit zwei Schlägen zu erreichen sind, spiele auch ich das Holz 3 vom Fairway mit dem Ziel, möglichst große Längen zu erreichen, ohne dabei die Kontrolle und Präzision zu verlieren. Das beste Beispiel für diese Art von Schlägen ist das Holz 3, das ich 1998 anlässlich des AT&T Pebble Beach National Pro-Am am 18. Loch der Schlussrunde schlug.

Vor diesem letzten Loch lag ich zwei Schläge hinter meinem Nachbarn und Freund Mark O'Meara. Dieser spielte einen Flight hinter mir, und ich war eigentlich überzeugt, jetzt einen Eagle spielen zu müssen, um gegen ihn überhaupt noch eine Chance zu haben. Nach einem guten Drive hatte ich noch ziemlich genau 240 Meter zum Grünrand, wobei das Semirough sehr nah ans Grün heranreichte. Glücklicherweise war die Platzregel für diesen Tag, dass der Ball aufgenommen, gereinigt und besser gelegt werden durfte. Es hatte nämlich in der Woche ziemlich viel geregnet. Ich konnte den Ball im Semirough deshalb so vorteilhaft hinlegen, dass die Lage jener auf einem Tee gleichkam. Ein Vorteil, der gerade zur rechten Zeit kam und den ich nutzen wollte.

Der Schlag selbst war dann aber gar nicht so einfach. Es war kalt, der Wind blies von rechts nach links und mir mitten ins Gesicht. Er wehte genau in Richtung Meer, welches das Fairway und das Grün auf der linken Seite begleitet. Ich zielte auf den unteren Rand der Haupttribüne rechts vom Grün, sprach den Ball in der gewohnten Weise an und schlug so fest ich konnte zu. Und diesen Ball habe ich wirklich optimal getroffen. Er landete genau da, wo ich ihn vor meinem geistigen Auge schon habe niedergehen sehen, er drawte wie erhofft und kam am Grünanfang zur Ruhe. Ein Eagle wurde es nicht, und das Birdie reichte nicht aus, um Mark zu besiegen. Dieser Schlag aber bewies mir, wovon ich eigentlich immer überzeugt war: Auch unter Druck konnte ich einen schwierigen Schlag genau so ausführen, wie ich ihn mir vorstellte.

Eine natürliche Ansprechhaltung

Der Schwung mit einem Fairway-Holz ist das, was ich ein »Zwischending« nennen würde. Er ist nicht so lang und Kraft mobilisierend wie der Schwung mit einem Driver, dennoch aber deutlich länger als ein normaler Schlag mit dem Eisen. Meine Ansprechposition trägt dieser Nicht-Driver-nicht-Eisen-Konstellation gezielt Rechnung.

■ Meine rechte Schulter halte ich bewusst tiefer als die linke.

■ Mein rechtes Knie ist in Richtung auf das Ziel gebeugt.

■ Mein Stand ist ziemlich breit, jedoch nicht so breit wie mit dem Driver.

■ Ich halte mein Kinn hoch.

■ Ich konzentriere mich besonders auf völlige Entspannung. Guter Ballkontakt ist Voraussetzung für das Gelingen. Es ist schwer, square an den Ball zu kommen, wenn Hände, Arme oder Beine auch nur ein klein wenig verkrampft sind.

■ Der Ball liegt etwa 10 Zentimeter innerhalb der linken Ferse, da befindet er sich immer noch deutlich vor der Mitte des Stands.

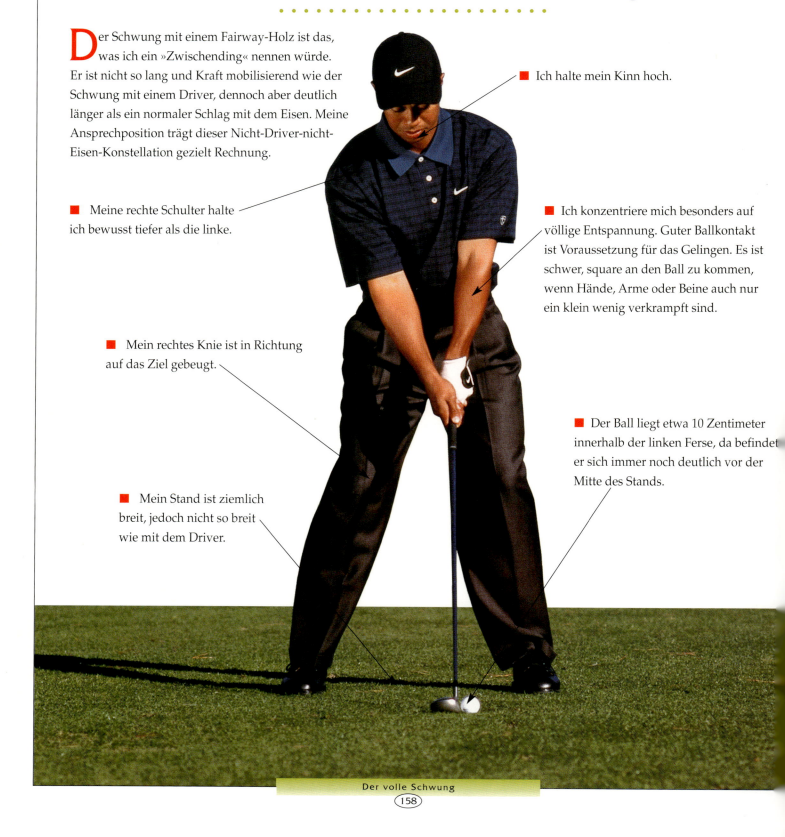

Der volle Schwung

Durch den Ball »fegen«

Ich möchte den Ball sauber treffen und quasi vom Boden wegfegen, wobei der Schlägerkopf im Treffmoment, wenn man ihn genau davor stoppen könnte, plan vor dem Ball aufliegt. Nicht von oben will ich an den Ball kommen und ihn auch nicht wie mit meinem Driver schon im leichten Aufschwung treffen. Um diese plane Stelle zu erreichen, führe ich den Schlägerkopf im Rückschwung so vom Ball weg, wie ich wieder zurückkommen will – nahe am Boden mit einem weiten Schwungbogen. Das führt nicht nur in die angestrebte Schwungebene und zu dem anvisierten Auftreffwinkel, sondern sorgt auch für das genau richtige Tempo und einen fließenden Rhythmus.

Die Fairway-Hölzer optimal treffen

Aus dem Semirough ist ein Fairway-Holz wesentlich einfacher zu spielen als etwa ein langes Eisen.

TIGERS ERFOLGSGESCHICHTE
Ein Superschlag zur rechten Zeit

Keine Frage: Fast immer spiele ich am besten, wenn ich bei den großen Turnieren richtig unter Druck gerate. Ich habe in brenzligen Situationen oft genug meinen Mann gestanden, sodass durchaus der Eindruck entstanden sein könnte, ich spielte mein bestes Golf, wann immer es sein muss und wann immer ich will. Ich wünschte, dem wäre so. Leider gibt es immer wieder Momente, in denen ich nicht das rechte Gefühl für den Ball habe, wo sich mein Schwung absolut nicht so anfühlt, wie ich das gerne hätte, und wo ich eigentlich keinen Putt einloche. In solchen Perioden hilft kein noch so großes Bemühen, mich zu konzentrieren, positiv zu denken oder mich auf meine Stärken zu besinnen. Da bleibe ich weit hinter meinen Möglichkeiten zurück. Ich glaube, man durchläuft dann – wie jeder andere Athlet auch – die sprichwörtlichen Höhen und Tiefen. Jeder Spieler weiß aus Erfahrung, dass es in einer solchen Situation nur darum geht, wenigstens einigermaßen gut zu scoren.

Dazu ein Beispiel von der PGA Championship 1999 in Medinah Country Club bei Chicago. Obwohl ich zu einem bestimmten Zeitpunkt während der Schlussrunde mit fünf Schlägen in Führung lag, fühlte ich mich mit meinem Schwung überhaupt nicht mehr sicher. Ich brachte zum Beispiel keinen Draw mehr zustande. Mein Fade dagegen klappte hervorragend, ich hatte jede Kontrolle über den Ballflug. Eine ganze Serie schlechter Schläge und ausbleibender Rettungsmanöver ließen Sergio Garcia bis auf einen Schlag herankommen. Und das vor dem letzten Loch, einem schwierigen Par 4, das – wie könnte es anders sein – mit einem Draw gespielt werden musste.

Meine Nerven flatterten. Sollte ich das Risiko eingehen, einen Draw zu spielen, der, wenn er gelingen würde, nur noch einen relativ kurzen Schlag zum Grün übrig ließe? Oder sollte ich besser auf meinen Fade vertrauen, der mich sicher ins Fairway bringt, aber einen langen Annäherungsschlag zur Folge haben würde? Ich habe lange Zeit geschwankt und mich dann für den Draw entschieden. Der Bahnverlauf erforderte ihn, und ich war motiviert genug, trotz meiner Irritationen an meine Chance zu glauben.

Ich teete auf und programmierte mich auf die Von-rechts-nach-links-Kurve. Während ich bewusst tief einatmete, um zu entspannen, sagte ich zu mir: »Schau, dass du den Ball auf seiner Innenseite triffst, dann dreht er sich schon so, wie du willst.« Ich drehte mich voll auf und schwang mit aller Kraft, zielte mit dem Schlägerblatt auf das innen liegende Viertel des Balls und hielt meinen Kopf betont hinter dem Ball, sodass ich den Schläger gut freigeben konnte.

Ich habe nach Meinung anderer schon bessere Abschläge fabriziert, ich weiß nur nicht, wann das gewesen sein soll. Der Ball war super getroffen, drawte etwa 5 Meter und landete genau da, wo er perfekt weiterzuspielen war. Es folgten ein Pitching Wedge auf Fahnenhöhe und zwei Putts zum Sieg. Mich überkam eher Erleichterung als ein Hochgefühl. Ich hatte eine enge Situation überstanden.

Nichts im Golf ist schwieriger, als einen Schlag machen zu müssen, den man nicht geübt hat oder mit dem man sich im Augenblick nicht wohl fühlt. Einer der TV-Kommentatoren sagte später, dass es Mut und Selbstvertrauen brauche sowie Nerven wie Drahtseile, um bei solchen Voraussetzungen den Ball überhaupt zu treffen. Wer aber geglaubt hat, ich habe mutig abgeschlagen, hier ein Geständnis: Es war nicht mein Driver, es war das Holz 3.

So wie ich das letzte Loch bei der PGA Championship 1999 gespielt hatte, konnte ich die Wannaker Trophy erleichtert und stolz zugleich in Händen halten.

AM ENDE DES RÜCKSCHWUNGS SOLLTEN SIE SICH ENTSPANNT FÜHLEN UND SICH IN GUTER BALANCE BEFINDEN.

Entspannt zurück

Obwohl der Schlag mit dem Fairway-Holz lang sein soll, bin ich nicht bereit, auch nur ein Jota an Genauigkeit zu opfern. Jede Bewegung meines Schwungs muss unter Kontrolle sein. Ich drehe mich nicht übertrieben auf und achte besonders darauf, nicht an irgendeiner Stelle meines Körpers zu verkrampfen.

Wenn Sie genau hinschauen, sehen Sie, wie sich mein Fairway-Holz-Schwung von dem des Drivers unterscheidet. Beide Füße sind fest auf dem Boden verankert geblieben. Natürlich haben sich die Hüften gedreht, aber nicht so auffallend wie mit dem Driver. Dem linken Arm habe ich erlaubt, sich ein klein wenig abzuwinkeln. Ihn auf diese Weise etwas relaxter zu halten, führt zu gutem Ballgefühl und mehr Kontrolle, ohne dabei Länge zu opfern. Auch ist mein Schlägerschaft am Ende nicht genau parallel zum Boden. Gut aufgedreht sind meine Schultern, dennoch will ich dabei den Schläger nicht zu weit zurückschwingen. Um das zu erreichen, winkle ich meine Handgelenke etwas weniger ab.

Der volle Schwung

OBWOHL VOLL AUFGEDREHT, IST KEINERLEI VERKRAMPFUNG ZU SEHEN.

Die Fairway-Hölzer optimal treffen

Augenmerk auf die Schwungebene

Sich mit jedem Schläger beim Vorschwung in der korrekten Schwungebene zu bewegen, ist zwingende Voraussetzung für gute Golfschläge. Für die Fairway-Hölzer ist die korrekte Schwungebene aber von besonderer Wichtigkeit. Etwa in der Hälfte des Vorschwungs möchte ich meinen Schlägerschaft genau auf den Ball ausgerichtet sehen. Hätte er jetzt eine steilere Position, fiele auch mein Schwung zu steil aus. Wäre der Schaft flach oder gar horizontal, müsste ich meinen Unterkörper geradezu exzessiv nach vorn drehen, um den Ball noch zu treffen.

Befindet sich der Schläger in der richtigen Ebene, hat das zwei Vorteile. Der Schläger fühlt sich leicht und ausgewogen an, sodass ich richtig Gas geben kann. Doch wichtiger noch, die Gefahr wird minimiert, einen Slice oder Hook zu fabrizieren, weil der Schlägerschaft aus der kleinen, optimalen »Gasse«, die ich ihm geschaffen habe, nicht so leicht ausbrechen kann. Und so ist es tatsächlich einfacher, einen guten als einen schlechten Schlag zu machen. Ein gutes Gefühl, welches das Selbstvertrauen fördert.

WENN ICH DEN SCHLÄGER AN DIESEM PUNKT DES VORSCHWUNGS IN DER KORREKTEN EBENE SCHWINGE, WIRD DER REST DES SCHWUNGS GERADEZU EIN KINDERSPIEL.

Der volle Schwung

Das Holz muss zum Spieler passen

Probieren Sie doch einfach aus, welches Fairway-Holz Ihnen am ehesten zusagt. Bevor Sie Loft, Lie und die Härte des Schafts einer näheren Prüfung unterziehen, sollten Sie sich entscheiden, welches Schlägerkopf-Design Ihnen am besten liegt.

Gewicht in der Sohle
Dieses sog. »Utility«-Holz ist bei Amateuren recht beliebt, und sogar einige Spieler auf der Senior PGA Tour verwenden es. Der Schlägerkopf ist flach, und das Schlägerkopfgewicht ist im überwiegenden Maße auf die Sohle verteilt. Der Vorteil: Man bringt die Bälle leichter in die Luft und auch eher aus hohem Gras heraus.

Auf den Freizeitspieler zugeschnitten
Der Schlägerkopf ist übergroß und gleichermaßen auch der Sweet Spot, sodass er schlechte Schläge verzeiht. Es fällt auch mit diesem Modell nicht schwer, den Ball hoch in die Luft zu bringen. Gut können damit Abschläge an einem kurzen, aber schweren Par 4 oder einem langen Par 3 gespielt werden. Den meisten Amateuren ist zu empfehlen, nicht nur dieses Modell im Bag zu haben, sondern noch *zusätzlich* das »Utility«-Holz.

Mein Holz 3
Mein 3er Holz – ich habe nur ein Fairway-Holz in meinem Satz – schaut vom Design her so aus: Der Schlägerkopf ist von normaler Größe (medium), und das Gewicht ist im Schlägerkopf überall gleichmäßig verteilt. Ich habe mit diesem Schläger eine außergewöhnlich gute Kontrolle und ein jederzeit gutes Gefühl. Um allerdings die gewünschten Längen damit zu erzielen, muss der Ball genau im Sweet Spot getroffen werden. Aus schwierigen Lagen gibt es sicher Schläger, die einfacher zu spielen sind; aber wenn der Ball schlecht liegt, greife ich sowieso zum Eisen.

»UTILITY«-HOLZ

HIGH-LOFTED FAIRWAY-HÖLZER

TIGERS HOLZ 3

Die Fairway-Hölzer optimal treffen

MEINE ANSPRECHHALTUNG VERSTEHT SICH ALS EINE VORWEGNAHME DER POSITION, DIE ICH IM TREFFMOMENT ERREICHEN MÖCHTE.

Der Treffmoment soll die Ansprechhaltung widerspiegeln

Der Grund für eine korrekte Ansprechhaltung ist, dass man im Treffmoment zu ihr zurückkehren kann. Beide Fotos zeigen mich zwar nicht in identischer Position, aber sie haben mehr gemeinsam als sie unterscheidet. Im Foto links halte ich mich absolut ruhig, rechts beschleunige ich den Ball gerade auf etwa 290 km/h. Der Schlägerschaft ist auf beiden Fotos fast in identischer Position, nämlich im rechten Winkel zur Ziellinie. In meiner Wirbelsäule sind alle Winkel noch die gleichen, auch meine Kopfposition ist im Wesentlichen unverändert geblieben. Das beweist, wie unkompliziert der Golfschwung sein kann.

Unterschiede ergeben sich lediglich durch die Bewegung und durch die Geschwindigkeit. Auf dem Foto rechts können Sie erkennen, wie überaus schnell sich meine Schultern und Hüften nach vorn gedreht haben, sodass sie jetzt schon im Verhältnis zur Ziellinie ein wenig offen sind. Meine Arme sind weiter vorn, weil ich sie mit aller zur Verfügung stehenden Kraft an meinem Körper vorbeigeschwungen habe. Meine rechte Ferse ist zudem leicht abgehoben (was auf dem Bild nicht unbedingt zu erkennen ist) und folgt der Bewegung meiner Hüften und Schultern.

Während ich also eine annähernd ideale Position im Treffmoment erreicht habe, sollten Sie aus dem Bildvergleich lernen, sich so auf den Ball zu zu bewegen, dass Sie den Schläger völlig unbehindert schwingen können und keine überflüssigen Bewegungen des Körpers stattfinden.

In den Wind »gebohrt«

Große Bedeutung haben für mich die Flugkurve des Balls und die Art, wie er fliegt. Weil Fairway-Hölzer in der Regel relativ viel Loft besitzen, werden nur gar zu gern Schläge produziert, bei denen der Ball zwar hoch in die Luft geht, aber wenig zielgerichtet herumtrudelt. Das entspricht ganz und gar nicht meiner Vorstellung. Ich schlage den Ball immer mit so viel Kraft und Autorität, dass er sich förmlich in den Wind hineinbohrt und dabei kaum von seiner vorherbestimmten Flugbahn abweicht. Musik in meinen Ohren ist, wenn der Ball gut hörbar davonzischt.

Diese zielorientierte Flugkurve ist nun keineswegs nur die Folge kraftvoller Schläge. Sie hängt vielmehr davon ab, in welchem Winkel der Schlägerkopf den Ball attackiert, wie genau man ihn dabei trifft und auch mit welchem Typ von Fairway-Holz der Schlag ausgeführt wird. Aus Ihrem Schläger holen Sie das Optimum heraus, wenn (1.) der Schlägerkopf im flachen Winkel auf den Ball trifft, wenn Sie (2.) im Sweet Spot treffen und wenn (3.) Ihr Schläger in Design, Gewicht und Schafthärte Ihren Schwung unterstützt. Sehr schnell werden Sie feststellen, dass sich die Suche nach dem optimalen Gerät wirklich lohnt.

Der volle Schwung

DAS GEFÜHL IN DIESEM AUGEN-
BLICK IST SO, ALS OB ICH
DEN SCHLÄGERKOPF NUR MIT
MEINER RECHTEN HAND AUFS
ZIEL WERFEN WÜRDE.

Den Ball mit der rechten Hand »werfen«

Mit dem zweiten Schlag bei langen Par-4- oder kurzen Par-5-Löchern müssen Sie immer ein relativ kleines Ziel anspielen. Gerade sein ist dann gefragt, was nicht immer so leicht zu erreichen ist. Vergessen Sie nicht, dass Ihr Fairway-Holz einen wesentlich längeren Schaft hat als etwa Ihr Eisen 7 und dementsprechend schwerer zu kontrollieren ist. Die beste Methode, die Bälle immer schön geradeaus fliegen zu lassen, ist, den Schlägerkopf nach dem Treffmoment möglichst lange auf der Ziellinie entlang nach vorn zu führen, und dies mit voll gestrecktem Arm. Das sorgt dafür, dass die Schlagfläche über lange Zeit square aufs Ziel ausgerichtet bleibt. Sie sollten das Gefühl haben, den Ball mit der rechten Hand nach vorn zu werfen; dabei wird der Schlägerkopf nah am Boden geführt, und der rechte Arm bleibt auch nach dem Treffen des Balls gestreckt.

Die Fairway-Hölzer optimal treffen

Die Flugkurve nach links

Erst nach Jahren gezielten Trainings allerdings konnte ich meine Abschläge so spielen, dass die Bälle sozusagen meinen Anweisungen genau Folge leisteten. Meinen Schwung in seinen Grundelementen musste ich dazu nicht verändern. Die Belohnung für all die Mühen war der Gewinn meines 6. Major-Turniers, des Masters 2001. Vier Major-Turniere in Folge hatte ich damit auf mein Haben-Konto geschrieben. Das 13. Loch in Augusta ist ein Par 5, das etwa 200 Meter nach dem Abschlag scharf nach links abbiegt. Spieler, die hier einen langen und kontrollierten Draw schlagen können, tun sich entschieden leichter. Wer den Ball nämlich um die Kurve fliegen lassen kann, hat nur noch etwa 180 Meter zum Grün. Wegen der schwer anzuspielenden harten und gewellten Grüns ist es von großem Vorteil, nur noch ein mittleres Eisen für die Annäherung zu benötigen.

Lange bevor ich nach Augusta reiste, trainierte ich den gewollten Draw mit meinem Driver und auch dem Holz 3. Mehr als zwei Monate – ohne Übertreibung – hatte ich bei all den Trainingseinheiten nur diesen speziellen Schlag vor meinem geistigen Auge. Bewusst änderte ich dabei nichts an meinem Schwung. Den Draw spiele ich heute aus dem Gefühl heraus. Der letzte Gedanke vor Beginn des Rückschwungs ist nur: Draw! Würde das aber auch unter Druck gelingen?

In der Finalrunde sollte ich es herausfinden. Mit knappem Vorsprung vor Phil Mickelson und David Duval ging ich auf den 13. Abschlag, fest entschlossen, den angestrebten Draw zu spielen. Das Selbstvertrauen, das sich immer einstellt, wenn man sich gut vorbereitet weiß, trug dazu bei, mich in den Abschlag mit dem Holz 3 so richtig hineinzuhängen. Der Ball flog nicht nur die gewollte Kurve, er hörte auch nicht auf zu rollen und blieb erst nach langer Zeit in perfekter Lage liegen, 165 Meter vom Grün entfernt. Das Grün war jetzt leicht zu treffen, und das folgende Birdie sicherte meinen Vorsprung vor den Verfolgern, einen Vorsprung, der – wie sich später herausstellte – bis zum Ende hielt.

·7·
FULL POWER MIT DEM DRIVER

ALLES GEBEN, WAS SIE HABEN

Unter meinen Schlägern gibt es einen, der alle anderen an Bedeutung weit überragt: den Driver. Für viele andere Spieler ist es der Putter, weil man mit ihm die meisten Schläge macht. Für den Driver sprechen aus meiner Sicht eine Reihe gravierender Argumente. Nach einem guten Drive ist praktisch alles möglich. Meine Chancen auf ein Birdie oder sogar einen Eagle nehmen sprunghaft zu, wenn der Abschlag lang und gerade ist. Dazu kommt: Wenn der Schwung mit dem Driver in Ordnung ist, ziehen auch die Eisen sofort nach. Ist der Driver »heiß«, funktioniert das gesamte Spiel vom Abschlag bis zum Grün.

Der größte Vorteil des Drivers liegt aber beileibe nicht im strategischen oder mechanischen Bereich. Mich bringt der Driver in eine emotionale Hochstimmung und sorgt für einen psychologischen Kick. Ein Superdrive, der mitten im Fairway landet, gibt mir Kraft, Willensstärke und Selbstvertrauen.

Noch nie in meiner bisherigen Karriere war eine psychologische Wiedererstarkung durch einen gelungenen Drive für mich wichtiger und auch notwendiger als bei dem Masters 2001. Am Abschlag des 18. Lochs wusste ich, dass ich gewinnen würde, wenn ich Par spielte. Ein Bogey würde mich in ein Play-off mit David Duval zwingen. Spielraum für defensives Spiel gab es also nicht. Mein Entschluss, mich mit meinem Driver voll hineinzuhängen, stand daher fest. Ich musste einen Fade spielen, sprach den Ball entsprechend an und schlug mit der gleichen Aggressivität zu, die mich die ganze Woche über ausgezeichnet hatte.

Im Fernsehen konnte jeder sehen, dass ich mein Finish betont lange hielt, wobei sich der Eindruck aufdrängen konnte, dass dies aus purer Freude am Schlag geschah. Tatsächlich aber beobachtete ich nur intensiv den Ball. Als er schließlich nach rechts verschwand, fürchtete ich schon, dass ich ihm vielleicht zu viel Schnitt mitgegeben hatte und er womöglich hinter der Biegung des Doglegs im Wald gelandet war. Als ich dann um die Ecke kam, sah ich einen Ball im Semirough liegen. Es war der von Phil Mickelson und nicht meiner. Ich schaute weiter nach vorne, und ob Sie es glauben oder nicht, mein Ball lag mitten im Fairway und keine 70 Meter vom Grün entfernt. Wie erleichtert ich war, kann ich niemandem beschreiben. Der kleine Wedge-Schlag, der mir zu spielen blieb, war nur noch Formsache. Nach einem Putt hatte ich mein zweites Grünes Jacket und das vierte Major-Turnier in Folge gewonnen.

Eine solide Basis für Power

Mit dem Driver in der Hand stehe ich deutlich breiter da als mit allen anderen Schlägern. Der Grund: Der Driver-Schwung ist weit ausholend, raumgreifend und vor allem beim Vorschwung wesentlich schneller. Dadurch, dass die Füße noch ein wenig weiter auseinander stehen als meine Schultern breit sind, schaffe ich mir eine Basis für all die Kraft, die ich in den Schlag hineinpacke. Die Knie beuge ich ein ganz klein wenig – gerade so viel, dass sie die ihnen im Schwung zugedachte Stoßdämpferfunktion bestens erfüllen können.

Minutiös achte ich auf die Stellung meiner Füße. Ich drehe meine rechte Fußspitze leicht nach rechts, sodass meine Hüftdrehung, die ohnehin nicht besonders groß ist, ohne wesentliche Belastung des rechten Knies und Oberschenkels erfolgen kann. Die linke Fußspitze stelle ich auch ein wenig aus, und zwar nach links in Richtung auf das Ziel. Dies soll bewirken, dass ich im Rückschwung meine Hüften nicht über Gebühr zurückdrehe und andererseits mein Oberkörper ausreichende Bewegungsfreiheit für den Vorschwung und das Finish bekommt, ohne dabei das linke Bein und meinen Rücken zu sehr zu strapazieren.

Wichtig ist für mich zudem, dass ich mein rechtes Knie beim Ansprechen ein wenig nach innen beuge. Das sorgt dafür, dass ich mich im Rückschwung mehr drehe und nicht zur Seite hin verschiebe, und macht es einfacher, mein Gewicht im Vorschwung nach vorn zu verlagern.

Der volle Schwung

Ein besonders breiter Stand für besonders lange Schläge
Auf einem Par 5, das für mich mit zwei Schlägen zu erreichen ist und bei dem das Risiko sich in Grenzen hält, schlage ich manchmal so hart zu, wie ich kann. Wenn ich also einen vollen Schwung mit dem Driver plane, muss der Stand besonders breit sein, sonst würde ich mit Sicherheit die Balance verlieren. Dieser trägt zusätzlich dazu bei, mein Gewicht mehr nach rechts, also hinter den Ball zu verlagern. Einer der Schlüssel für wirklich lange Schläge ist nämlich, den Oberkörper im Vorschwung betont hinter dem Ball zu halten. Und dazu trägt ein breiter Stand ganz wesentlich bei. Denn: Je breiter der Stand, umso geringer ist das Risiko, während des Vorschwungs nach vorn zu schwanken.

EIN GUT GEBAUTES HAUS HAT IMMER EINE BREITE BASIS. ANALOG DAZU IST MEINE ANSPRECHHALTUNG. DIE FÜSSE STEHEN WEITER AUSEINANDER ALS MEINE SCHULTERN BREIT SIND.

BREITER STAND

Spannung aufbauen

Der Bewegungsablauf beim Rückschwung mit dem Driver ist zwar derselbe wie mit allen anderen Schlägern, aber ich achte ganz besonders auf meine Hüften. Sie müssen sich zurückdrehen und dürfen sich nicht seitlich verschieben. Das Drehen der Hüften ist ein erstes Anzeichen, dass Spannung und damit Energie aufgebaut wird. Die Drehbewegung von Schultern und Hüften ist vergleichbar dem Aufziehen einer riesigen Feder. Am Ende des Rückschwungs ist diese praktisch zum Zerreißen gespannt und kann unglaubliche Geschwindigkeit freisetzen.

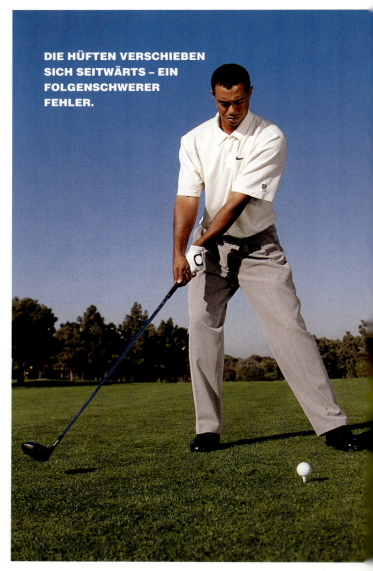

DIE HÜFTEN VERSCHIEBEN SICH SEITWÄRTS – EIN FOLGENSCHWERER FEHLER.

DIE HÜFTEN DREHEN SICH ZURÜCK.

Der häufigste Rückschwungfehler
Werden die Hüften nicht gedreht, sondern nur zur Seite geschoben, ist der Rückschwung schon »kaputt«. Hat sich die rechte Hüfte über den rechten Fuß hinaus verlagert, dann müssen Sie sich nach links zurückwerfen, um den Ball überhaupt noch zu treffen. Eine schwierige Bewegung mit kaum Aussicht auf Erfolg. Schlimmer noch: Etwa 50 Prozent der möglichen Energie gehen dabei verloren – denn ein laterales Verschieben bringt nicht annähernd so viel Power wie die Drehung der Hüften und Schultern. Hilfreich ist dabei die Vorstellung, beim Rückschwung das Körpergewicht auf der Innenseite des rechten Beins zu lassen und gegen diesen Stützpfosten den Winkel des rechten Beins konstant zu halten. Genau das ist heute ein Markenzeichen meines Schwungs.

Der volle Schwung

Ich denke »lang und weit«

Zwei Ziele verfolge ich beim Rückschwung-Start: Es soll ein weiter Schwungbogen werden, und mein Körpergewicht soll sich auf meine rechte Seite verlagern, ohne dass ich nach rechts schwanke. Ich bemühe mich, das Griffende meines Schlägerschaftes so weit wie irgend möglich von meiner rechten Hüfte wegzustrecken, was durch betontes Drehen der Schultern unterstützt wird. Sie sehen, wie verankert mein rechtes Bein ist. Es ist praktisch in seiner Ausgangsstellung geblieben, obwohl sich mein Gewicht schon deutlich nach rechts verlagert hat.

Full Power mit dem Driver

Der volle Schwung

178

Meine Schultern drehen mehr als meine Hüften

Mit dem Driver drehe ich meine Schultern so weit, wie sie es zulassen. Auch meine Hüften drehen sich, aber beileibe nicht so wie die Schultern. Es sollte sich ein Gefühl von Spannung und Widerstand in der linken Körperhälfte einstellen. Aus dieser Position muss ich meine Hüften nur leicht wieder nach vorn drehen, meine Schultern werden dieser Initialzündung folgen, und damit ist der Startschuss für die Freisetzung der Energie und damit enorme Geschwindigkeit im Vorschwung gegeben.

Bei Rückenwind entscheide ich mich oft gegen den Driver und für mein Holz 3. Ich schlage den Ball dann genauso weit, die Chancen für einen geraden Schlag sind deutlich besser.

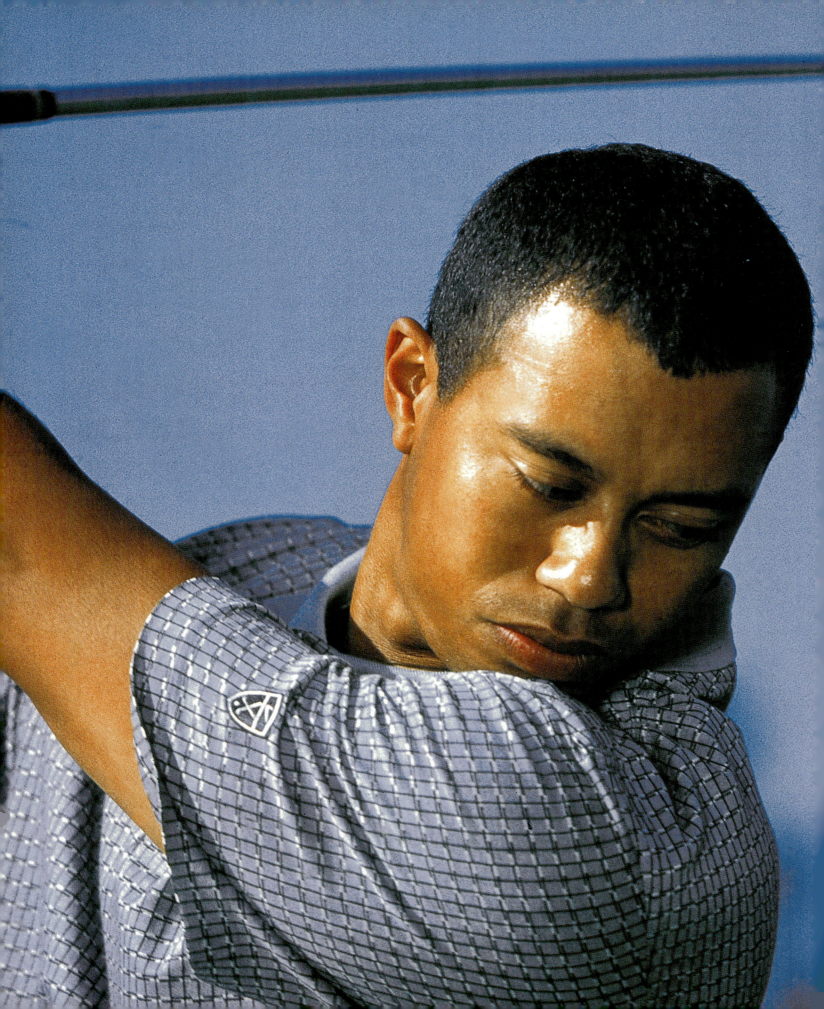

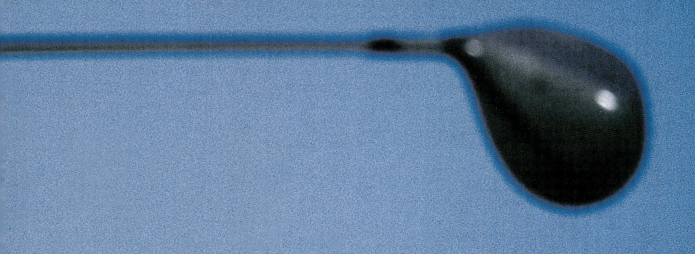

Ich drehe meine linke Schulter unter das Kinn

• •

Immer dann, wenn sich meine linke Schulter unter mein Kinn gedreht hat, weiß ich, dass ich voll aufgedreht habe. Ich versuche, meine Schultern um 90 Grad zurückzudrehen, was bedeutet, dass sie eine Position hinter dem Ball erreichen. Butch Harmon hat mir erzählt, dass sich die Hemden von Ben Hogan an der Stelle durchscheuerten, an der seine linke Schulter unter das Kinn drehte.

Eine volle Schulterdrehung ist Garant dafür, dass ich mich nicht mit Gewalt in den Vorschwung werfen muss. Meine Schultern drehen sich schnell, aber in fließender Bewegung nach vorn und nehmen die Arme auf ihrem spannungsgeladenen Weg nach unten nur mit.

TIGERS ERFOLGSGESCHICHTE
Störungen ausblenden

Beim Driver-Schwung ist höchster Körpereinsatz gefragt. Aber auch geistig muss einfach alles stimmen. Um den Ball wirklich lang und vor allem gerade zu schlagen, müssen Sie einzig und allein auf dieses Ziel fixiert sein. Unempfindlich gegenüber Ablenkungen aller Art und immun gegen negative Schwunggedanken zu sein, ist unabdingbare Voraussetzung. Weil der Schwung mit dem Driver lang ist und und vollen Einsatzes bedarf, ist in dem Bemühen, richtig Dampf zu machen, vor allem das richtige Timing ausschlaggebend. Wenn Sie in dieser Situation die Konzentration verlieren, leiden Rhythmus und Tempo des Schwungs darunter, Sie geraten in Not.

Für mich ist höchste Konzentration schon deshalb geradezu zwingend, weil praktisch bei jedem Drive viele, viele Zuschauer unmittelbar hinter mir stehen. Wenn es aber dann beim Ansprechen des Balls um die Zuschauer herum totenstill wird, kann schon das Klicken einer Kamera oder vereinzeltes Flüstern ähnlich wie eine Bombe wirken. Jetzt kommt es für mich darauf an, so konzentriert zu sein, dass ich solche Störmanöver völlig überhöre – sie dürfen meine Schwungroutine nicht tangieren.

In der Finalrunde des 2001 Masters kam ich an den 15. Abschlag und hatte alle Hände voll zu tun, den einen Schlag Vorsprung gegenüber David Duval zu halten. Der Drive an diesem mit zwei Schlägen erreichbaren Par 5 ist entscheidend. Wenn ein langer, gerader Schlag gelingt, hat man noch ein mittleres Eisen über das Wasser auf ein sehr welliges Grün, auf dem die Bälle nicht gut halten. Birdie ist hier geradezu Pflicht, wenn man keinen Schlag verlieren will. Alles das ging mir während der Schlagvorbereitung durch den Kopf.

Mein Rückschwung war gut und auch die erste Bewegung im Vorschwung, wenn der Schläger in die etwas flachere Schwungebene fällt. Dann aber klickte von irgendwoher eine Kamera. Wie es mir gelang, weiß ich nicht, aber ich konnte den Schwung gerade noch abbrechen. Wäre mir das nicht gelungen, hätte ich das Grüne Jacket wohl nicht bekommen.

Ich will hier deutlich machen, wie wichtig Konzentration und geistiges Wachsein für einen guten Drive sind. Ich war an diesem Tag voll auf mein Spiel konzentriert und konnte mit meiner Umgebung richtig umgehen. Wenn mir das mit ein paar hundert Zuschauern auf Flüsterentfernung gelingt, sollte es Ihnen am Samstagmorgen mit Ihren Spielkameraden auch möglich sein.

Der volle Schwung

Full Power mit dem Driver

Square oben = square am Ball

Die Position, die Sie mit Ihrer Schlagfläche am Ende des Rückschwungs erreichen, ist sozusagen eine Vorschau darauf, wie Sie an den Ball kommen. Ich möchte mit meiner Schlagfläche oben square sein, sie ist dann parallel zu meinem linken Unterarm ausgerichtet. Würde die Spitze des Schlägerkopfes mehr in Richtung Boden weisen, wäre meine Schlagfläche offen und ein Slice die Folge. Wäre die Schlagfläche dagegen senkrecht gegen den Himmel gerichtet, also geschlossen, würde ich aller Voraussicht nach einen ziemlichen Hook fabrizieren.

Schläger nicht ganz parallel

Ich bin ein Anhänger einer möglichst großen Schulterdrehung. Was ich nicht mag, ist, wenn der Schläger überschwingt, das heißt der Schlägerschaft im Rückschwung über die parallele Stellung hinausgeht. Dafür sind aber nicht die Schultern verantwortlich zu machen. Meist ist das Überschwingen die Folge eines zu stark gebeugten linken Arms, oder aber die Hände haben den Schläger nicht entsprechend festgehalten. Das Überschwingen birgt die Gefahr, von oben nur mit den Händen zuzuschlagen. Viel besser aber ist, wenn die nach vorn drehenden Schultern den Schläger einfach nur mitnehmen.

Full Power mit dem Driver

Der Unterkörper gibt das Kommando

Die Bewegungsabfolge verläuft im Vorschwung von unten nach oben. Als Erstes verlagern Sie Ihr Gewicht auf das linke Bein und anschließend drehen Sie Ihre Hüften so schnell wie irgend möglich. Es folgen die Schultern. Sehen Sie auf das Foto, meine Schultern sind noch square zum Ziel augerichtet, meine Hüften zeigen aber schon nach links. Als Letztes treten die Arme und Hände in Aktion. Wenn Sie alles wie beschrieben ausführen, werden Sie den Schlägerkopf auf der korrekten Ebene von innen an den Ball bringen.

Vergessen Sie nicht: Dieser Ablauf beginnt langsam. Wenn Sie zu schnell agieren, die Schultern etwa vor dem Unterkörper in Bewegung setzen, dann verläuft die Schwungebene von außen nach innen. Dabei geht nicht nur Power verloren, Sie müssen meist auch mit einem gewaltigen Slice rechnen.

Für mehr Länge strecke ich das linke Bein

Wenn ich sozusagen das Letzte aus meinem Schlag herausholen will, setze ich auf eine spezielle Bewegung in meinem Unterkörper kurz vor dem Treffen des Balls. Ich habe herausgefunden, dass sich meine Hüften noch schneller drehen und dieser zusätzliche Schub sich auf meine Schultern, Arme und Beine überträgt, wenn ich mein linkes Bein blitzartig strecke. Das ist zwar eine unorthodoxe Bewegung, für mehr Power aber höchst geeignet. Byron Nelson und einige andere Spieler, die für ihre Ballbehandlung berühmt waren, achteten dagegen darauf, das linke Bein in der Treffzone immer ein wenig gebeugt zu haben, weil sich so der Schlägerkopf länger auf der Linie zum Ziel führen ließ.

Wenn Sie unbedingt gerade sein müssen, teen Sie den Ball etwas niedriger auf. Er tendiert dann weniger nach links oder rechts.

Meine Arme dürfen nicht »hinterherhinken«

Große Aufmerksamkeit habe ich in meinem Vorschwung stets darauf zu richten, dass meine Arme nicht hinter dem Unterkörper bleiben. Weil sich meine Hüften und Schultern so schnell drehen, laufen diese manchmal meinen Armen buchstäblich davon. Die Folge: Der Schlägerkopf kommt verspätet und viel zu sehr von innen an den Ball, sodass ich meine Hände übertrieben schnell überrollen muss, um den Schlägerkopf noch square an den Ball zu bringen. Würde ich die Hände passiv lassen, wäre ein starker Push die Folge. Übertreibe ich beim Überrollen, resultiert ein starker Hook. Sie verstehen jetzt, wie es zu einem wenig verlässlichen Ballflug kommen kann.

Mein Ziel ist es – Sie können es auf dem Foto sehen, das mich kurz nach dem Treffmoment zeigt –, meine Arme so gut es geht vor meinem Körper zu halten, und zwar während des gesamten Vorschwungs. Die Arme sind hier vor meiner Brust, die Schultern ein wenig nach links von der Ziellinie gedreht. Der gesamte Schwung ist genau getimet, und Sie können darauf wetten, dass der Ball meilenweit fliegt und dazu noch kerzengerade.

- Mein Kopf bleibt hinter dem Ball, meine Arme schwingen am Körper vorbei.

- Mein rechter Ellenbogen ist genau vor meiner rechten Hüfte – ein Zeichen guter Kontrolle.

- Im Treffmoment steht mein Schlägerschaft senkrecht, genauso wie beim Ansprechen.

- Die Zentrifugalkraft führt dazu, dass sich mein linker Arm gestreckt hat.

- Das Label auf meinem Handschuh ist sichtbar, ich habe also meine Hände nicht allzu betont überrollt.

- Gut 60 Prozent meines Körpergewichts ruhen auf meinem linken Bein.

IM FINISH STEHT MEIN RECHTER FUSS SO AUF DER SPITZE, DASS ALLE SPIKES ZU SEHEN SIND.

Fußarbeit

Viel ist über die Fußarbeit während des Schwungs geschrieben worden, doch für mich sind die Füße nicht von so großer Wichtigkeit in ihrer Beteiligung am Schwung. Ich sehe das eher so, dass sie eigentlich nur dem nachfolgen, was der Körper ihnen vorgibt. Wenn Ihre Fußarbeit unkontrolliert, ja schlampig ausfällt, stimmt etwas anderes in Ihrem Schwung nicht.

Bei mir hebt die rechte Ferse kurz vor dem Treffmoment ein wenig vom Boden ab. Dagegen kann ich mich nicht wehren. Meine Hüften und Schultern drehen sich so schnell, und mein Gewicht verlagert sich so blitzartig nach vorn, dass ich mich am Rücken verletzen würde, wenn ich die Ferse fest auf dem Boden hielte. Würde ich sie bewusst unten lassen, könnte ich auch meinen Unterkörper nicht aktiv in den Schwung einbringen.

Ein Zeichen guter Balance

Im Finish steht mein rechter Fuß dann auf der Schuhspitze. Das zeugt von einer korrekten Gewichtsverlagerung während des Vorschwungs und gehört zu einem kompletten Finish einfach dazu. Diese Endposition sollte man beliebig lange halten können, ohne die Balance zu verlieren.

Mein Schwung im Lauf der Jahre

Ich war schon mit 16 ein nicht gerade schlechter Spieler. Gut genug, schon zwei US Junior-Amateur-Titel gewonnen zu haben und kurz vor dem dritten zu stehen. Meine Schwungtechnik war damals relativ schwach im Vergleich zu dem, was ich mit 20 Jahren konnte. Mit 24 hatte ich nochmals einen gewaltigen Sprung nach vorn gemacht. Es gibt immer Möglichkeiten der Verbesserung, und wie weit ich tatsächlich gekommen bin, zeigt der Vergleich der Schwungstudien.

Der größte Fortschritt liegt im Einsatz meines Unterkörpers. Als Kind peitschte ich mehr oder weniger meine Hüften und Schultern im Vorschwung durch den Ball. Sie waren so schnell, dass meine Arme einfach nicht folgen konnten. Mein Timing ließ sehr zu wünschen übrig. Inzwischen habe ich gelernt, meine Hüften, Schultern und Arme zu koordinieren und synchron zu bewegen. Meinem Ziel, in absehbarer Zeit die Bälle wirklich gut zu treffen, komme ich zusehends näher.

16 JAHRE ALT

20 JAHRE ALT

24 JAHRE ALT

Bitte umblättern →

Ich gebe dem Ziel die Hand

Einer von Butch Harmons wichtigen Schwunggedanken ist das »Handgeben« zum Ziel hin. Um dieser Idee nachzugehen, strecke ich den rechten Arm auf der Linie zum Ziel betont nach vorn. Das zeigt, dass ich versucht habe, größtmögliche Schlägerkopfgeschwindigkeit zu erreichen.

Vom bloßen Anschauen des Fotos weiß ich, dass ich einen Draw geschlagen habe, weil mein rechter Unterarm den linken überrollt hat. Das ist Zeichen einer natürlichen Handrotation mit dem Ziel, das Schlägerblatt entweder square oder leicht geschlossen an den Ball zu bringen.

Full Power mit dem Driver

Wie ich den Driver vom Fairway schlage

Beim Spielen überlanger Par-5-Löcher ist der zweite Schlag gelegentlich noch so lang, dass ich das Grün mit dem Holz 3 nicht erreichen würde. Wenn die Lage des Balls sehr gut ist, spiele ich dann den Driver vom Fairway. Mit einem solchen Schlag immer erfolgreich zu sein, fällt auch mir schwer. Oftmals aber zahlt sich das Risiko aus. In einigen Fällen habe ich 270 Meter weit geschlagen.

Als Erstes spreche ich den Ball im Stand etwa 2 Zentimeter weiter zurück als normal an. Meine Hände halte ich fast auf einer Höhe mit dem Ball. Der Stand ist zudem leicht geöffnet, um den Fade zu spielen, den ich für diesen Schlag bevorzuge.

Es folgt ein ausladender Rückschwung, der durch eine weitest mögliche Schulterdrehung charakterisiert ist. Weil jetzt wieder einmal gutes Timing ganz wichtig ist, übereile ich nichts. Ich starte den Vorschwung langsam und steigere dann die Geschwindigkeit, sodass der Schlägerkopf genau im Treffmoment auf maximalen Touren ist. Der Ball muss absolut sauber getroffen werden. Ein Divot, auch ein noch so kleines, darf es jetzt nicht geben. Wenn alles so läuft wie programmiert, zischt der Ball wie ein Geschoss davon, fliegt leicht nach links, um sich dann in der Fade-Kurve nach rechts aufs Ziel zu zu bewegen. Nach der Landung rollt der Ball immer noch ein gehöriges Stück aus.

MEINE ANSPRECHHALTUNG SCHAFFT DIE VORAUSSETZUNG, DEN BALL VOM BODEN WEGZUFEGEN.

Der volle Schwung

Full Power mit dem Driver

Eine Kamera, die nicht mitkam

Bisher habe ich sehr wenig über die Geschwindigkeit berichtet, die ich mit meinem Driver im Treffmoment erreiche. Die Ergebnisse von 1998: Im Treffmoment erreicht mein Schlägerkopf etwa 190 km/h und der Ball fast 290 km/h, wenn er das Schlägerblatt verlässt. Das ist nicht so viel, wie die Jungs »drauf« haben, die an den nationalen Longest-Drive-Wettkämpfen teilnehmen, in jedem Fall aber ein Spitzenresultat für Tour Pros. Solche Voraussetzungen führen natürlich zu exzellenten Längen mit jedem meiner Schläger im Bag. Für Longhitter ist das Spiel zugegebenermaßen einfacher. Ich erreiche fast jedes Par 5 mit zwei Schlägen und bin in der Lage, die Bälle höher fliegen und weicher landen zu lassen.

Die Bildserie, die Sie auf den folgenden Seiten sehen, stammt ebenfalls aus dem Jahr 1998. Sie wurde mit einer Spezialkamera, die unter dem Namen Hulcher bekannt ist, aufgenommen, macht 65 Bilder pro Sekunde und hört sich dabei keineswegs wie eine normale Kamera an, sondern fällt durch ein deutliches Rattern auf, das vom überschnellen Filmtransport herrührt. Die Bildfolge erscheint in umgekehrter Richtung und muss von rechts nach links angesehen werden, weil der Film so belichtet wurde.

Als die Filme entwickelt worden waren, hatten die auswertenden *Golf-Digest*-Redakteure ein Problem. Es zeigte sich nämlich, dass entweder die Kamera zu langsam oder ich zu schnell war – für den Treffmoment jedenfalls gab es zu wenig Bilder. Meine Schlägerkopfgeschwindigkeit war der Kamera sozusagen davongelaufen. Beim folgenden Versuch musste ich meine Schwünge aus unterschiedlichen Positionen aufnehmen lassen, damit für den Treffmoment ausreichend Material zur Verfügung stand.

MEIN OBERKÖRPER IST BEIM ANSPRECHEN LEICHT NACH RECHTS GEBEUGT, UM LEICHTER IN EINEN FLIESSENDEN RÜCKSCHWUNG ZU KOMMEN.

EINE VOLLE STRECKUNG DER ARME SORGT SCHON IN EINEM FRÜHEN STADIUM FÜR EINEN ENERGIE AUFBAUENDEN RÜCKSCHWUNG.

ICH HABE MEINE SCHULTERN BIS AN DIE GRENZE IHRER ELASTIZITÄT ZURÜCKGEDREHT.

MEINE HÜFTEN SIND SCHON WIEDER LEICHT OFFEN, WÄHREND MEINE SCHULTERN NOCH NACH RECHTS VOM ZIEL WEISEN.

MEINE ARME SIND GENAU VOR MEINER BRUST, DAS ZEICHEN FÜR EIN GUTES TIMING DES VORSCHWUNGS.

TROTZ GEWICHTSVERLAGERUNG NACH LINKS IST MEIN KOPF WEITER RECHTS ALS IN DER ANSPRECHHALTUNG.

DIES IST DER EINZIGE AUGENBLICK IM GESAMTEN SCHWUNG, IN DEM BEIDE ARME VOLL GESTRECKT SIND.

WENN ICH IN EIN SOLCH AUS-
BALANCIERTES FINISH KOMME,
WEISS ICH, DASS ICH EINEN
GUTEN SCHWUNG GEMACHT HABE.

MEIN STAND IST BREIT GENUG FÜR AUSREICHENDE STABILITÄT, ABER DOCH SO ENG, DASS ICH MICH FREI DREHEN KANN.

NIEMALS VERLAGERE ICH MEIN GEWICHT SO WEIT NACH RECHTS, DASS ES ÜBER MEINEN RECHTEN FUSS HINAUSGEHT.

FÜR MICH MUSS DER SCHLÄGER-SCHAFT KEINE PARALLELE POSITION ERREICHEN, UM GENUG POWER AUFZUBAUEN.

ICH LASSE IM FRÜHEN STADIUM DES VORSCHWUNGS DEN SCHLÄGER NUR HERUNTER- »FALLEN«.

DAS NAH-AM-KÖRPER-FÜHREN DES RECHTEN ARMS SORGT DAFÜR, DASS ICH WIE EIN BOXER BEREIT BIN, IM NÄCHSTEN MOMENT EINEN UPPERCUT ZU LANDEN.

SO SCHNELL ES MIR MÖGLICH IST, DREHE ICH MEINE HÜFTEN NACH VORN.

MEIN KOPF IST IMMER NOCH UNTEN, EIN ZEICHEN DAFÜR, DASS ICH MICH UM MEINE KÖRPERACHSE GEDREHT UND MICH NICHT MIT DEM OBERKÖRPER IN DEN SCHLAG GEWORFEN HABE.

HIER SEHEN SIE, WARUM ICH WÄHREND DER RUNDE IMMER WIEDER MEIN HEMD IN DIE HOSE STECKEN MUSS.

Der Umgang mit dem Driver

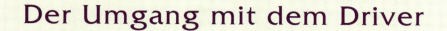

Lassen Sie mich die wichtigsten Punkte dieses Kapitels zusammenfassen:

■ Mein Stand ist breit genug für ausreichende Stabilität, aber doch so eng, um eine volle Körperdrehung zu gewährleisten.

■ Meinen Kopf halte ich beim Ansprechen hoch, sodass meine linke Schulter unter das Kinn drehen kann.

■ Im Rückschwung drehe ich meine Hüften und schiebe sie nicht seitwärts.

■ Mein Rückschwung hat den größtmöglichen Radius. Ich strecke meine Hände weit weg von der rechten Hüfte und drehe die Schultern bis an die Grenze ihrer Elastizität.

■ Selbst bei voller Schulterdrehung achte ich darauf, nicht zu überschwingen.

■ Für ein gutes Timing halte ich meine Arme und Hände immer vor der Brust.

■ Für Power und Genauigkeit strecke ich meine rechte Hand nach dem Treffmoment betont in Richtung Ziel.

DAS SPIEL AUF DER RUNDE

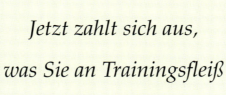

Jetzt zahlt sich aus,

was Sie an Trainingsfleiß

investiert haben.

$\diamond$8$\diamond$
SCHWIERIGKEITEN MEISTERN

WENN ES ENG WIRD

Wer lange genug Golf spielt, hat es immer wieder auch mit schlechten Zeiten zu tun. Wie verhält man sich, wenn einem das Spiel sein hässliches Gesicht zeigt? Zumindest ist das der Augenblick zu erkennen, wie weit man einen Wettkampf bestehen kann. Auch ich stand oft genug an solchen Scheidewegen, wobei mir der erste Donnerstag im April 1997 unvergesslich bleiben wird. Es ist die Geschichte vom verlorenen Golfschwung. Keine Vorlage für einen Kriminalroman à la Agatha Christie, aber doch ziemlich mysteriös.

Komisch. Als ich anlässlich der ersten Runde des Masters im Augusta National zum 1. Abschlag ging, war ich nicht besonders nervös, jedenfalls nicht nervöser als sonst auch. Tatsächlich fühlte ich mich eigentlich ganz zuversichtlich. Mein gesamtes langes Spiel war während der zurückliegenden Tage gut gewesen und vor allem auch mein Putten. Dann, Gott weiß warum, schlug ich einen derartigen Pull-Hook vom Abschlag, dass der Ball wie ein wild gewordener Hase im Rough verschwand und schließlich auf einem Nadelhaufen unter den Pinien zur Ruhe kam. Das Bogey konnte ich zwar noch retten, aber das war alles andere als der Start, den ich mir vorgenommen hatte. Und es lief auch weiter schlecht. Auf einem für jeden normalen Tourspieler ohne weiteres mit zwei Schlägen erreichbaren Par 5 verfehlte ich das Birdie. Von da an ging es nur noch bergab.

Es folgte am 4. Loch, einem Par 3, der wohl schlechteste Schlag, den ich je gemacht hatte. Die Fahne steckte hinten links. Dort blies der Wind nicht kontinuierlich von einer Seite, sondern drehte ständig hin und her, einmal von rechts nach links ganz gerade und dann wieder mir direkt ins Gesicht. Als ich meine Schwungvorbereitungen abgeschlossen hatte und den Ball ansprach, glaubte ich genau zu wissen, wie ich den Wind in meinem Schlag zu berücksichtigen hatte. Ich schlug also zu. Der Ball war etwa 30 Meter zu kurz und landete, 35 Meter vom Ziel abgekommen, rechts in einer Bambusstaude. Bis dahin wusste ich nicht, dass es solche Gewächse dort überhaupt gibt. Es war schon eine Leistung, jetzt noch Bogey zu spielen, aber keineswegs ein Trost, denn die Achterbahnfahrt setzte sich unaufhörlich fort.

Am 10. Abschlag angekommen, lag ich 4 über Par und befand mich in einem Schockzustand, vergleichbar einem Boxer, dem der Gegner gerade anständig ans Kinn gehauen hatte. Ein Blick hinüber zur Ergebnistafel zeigte, dass der Führende 4 unter Par lag, was hieß, dass ich »nur« acht Schläge zurücklag. Ich führte

Selbstgespräche: »Du gehörst nur hierher, wenn es dir gelingt, jetzt noch auf level Par zu kommen.« Dafür waren die Bedingungen an diesem Tag nicht die einfachsten. John Huston lag mit 67 Schlägen in Führung. »Also«, sagte ich zu mir, »schau, dass du wieder Anschluss findest, und besinne dich auf den Schwung, mit dem du auf der Driving Range so erfolgreich warst.« Mit meinem Eisen 2 gelang ein recht guter Draw vom Abschlag, und ab jetzt hatte ich nur noch im Sinn, jenen Schwung und Rhythmus beizubehalten, den ich während dieses Draws gespürt hatte. Und das ging gut. Ich spielte eine 30 auf den zweiten Neun und war wieder dabei. Tatsächlich gelang es mir, diese Form während der restlichen drei Tage zu konservieren. Das Ergebnis ist bekannt.

Der Golfschwung kann sich wie ein Chamäleon aufführen und sich von Loch zu Loch tief greifend verändern, bei schwachen Spielern sogar von Schlag zu Schlag. Das einzig wichtige Ziel ist daher, einen Schwung zu entwickeln, der wiederholbar ist und auch bei noch so großem Druck nicht auseinanderfällt. Tatsache ist, dass jeder ganz spezifische Schwungfehler macht und diese dafür sorgen, dass die Konstanz so schwierig ist. Auch ich habe einige, von denen einer von Zeit zu Zeit recht unangenehm auftritt. Mein Schlägerblatt ist dann am Ende des Rückschwungs zu geschlossen, wohl als Folge eines zu festen Griffs. Ich muss dann mit meinen Händen ziemlich aktiv werden, um das Schlägerblatt square an den Ball zu bringen. Ein Problem ist für mich auch immer wieder, dass ich beim Vorschwung mit meinen Armen und dem Schläger zu weit hinter dem Körper zurückbleibe. Ich versuche gegenzusteuern, indem ich bewusst Arme und Schläger vor meiner Brust halte. Gelingt dies nicht, muss ich erneut meinen Händen vertrauen.

Immer wieder hat mich das Spiel in die Knie gezwungen – mit recht unterschiedlicher Betrachtungsweise als Folge.

Das Spiel auf der Runde

Für einen gewollten Schlag von links nach rechts schwinge ich von außen nach innen, mit offenem Schlägerblatt in der Treffzone.

Das erwies sich anfangs als ziemliches Handicap, vor allem bei den Schlägen mit den kurzen Eisen. Die Hände waren einfach zu schnell. Dank großen Trainingsfleißes ist meine Schlägerposition am Ende des Rückschwungs viel besser geworden, ich habe nicht mehr die Probleme mit dem Timing (wenn ich beim Vorschwung zu stark von innen an den Ball komme) und habe gelernt, meine Hände bei den kurzen Annäherungsschlägen zu kontrollieren. Aber solche Schwungfehler haben mir gelegentlich schwer zu schaffen gemacht.

Während der Eröffnungsrunde der US Open 1996 im Oakland Hills Country Club in Bloomfield, Michigan, lag ich 3 unter Par, als mein Spiel nur wegen eines Schwungfehlers plötzlich aus den Fugen geriet. Mein Abschlag am 16. Loch, einem mittellangen Par 4, lag Mitte Fairway. Die Fahne stand rechts von der Mitte des Grüns, und der Wind blies ein wenig von links nach rechts. Mein Annäherungsschlag mit dem Eisen 6 ging nach rechts, landete an einem Teichrand und rollte ins Wasser. Von der Dropping Area aus spielte ich den Ball mit einem Sand Wedge etwas zu kurz, er sprang zwar noch aufs Loch zu, hatte aber zu viel Backspin und rollte zurück ins Wasser. Irgendwie kam ich mit dem 7. Schlag aufs Grün und machte einen 2-Putt zur 9. Ich erholte mich am nächsten Tag mit einer gespielten 69 und schaffte den Cut, den Misserfolg vom Vortag konnte das aber nicht ungeschehen machen.

Dann gab es da noch die British Open 1997. Am 8. Loch in Royal Troon, dem berühmten »postage stamp« Par 3, konzentrierte ich mich ganz gezielt darauf, das Schlägerblatt am Ende des Rückschwungs nicht geschlossen zu haben. Und was passierte? Der Ball flog viel zu weit nach rechts, wurde nicht, wie ich einkalkuliert hatte, vom Wind zurückgetragen, landete

Schwierigkeiten meistern

Selten war ich so frustriert wie bei diesem eingebohrten Ball am 8. Loch in Royal Troon.

im Bunker und bohrte sich ein. Zwei Schläge brauchte ich, um aus dieser Sandarena zu kommen, und nach einem 3-Putt stand das Triple Bogey auf der Karte. Wenn ich je eine Chance hatte zu gewinnen, hier verlor sie sich buchstäblich im Sand.

Jener Schiffbruch, der mich wohl am meisten mitgenommen hat, ereignete sich während des (verregneten) Jack-Nicklaus-Turniers – des Memorials – 1997. Am 3. Loch, einem kurzen Par 4, wo man gewöhnlich nur mit einem Eisen abschlägt, um nicht im Wasser vor dem Grün zu landen, habe ich den nächsten Schlag durch zu viel Backspin aus 100 Metern ins Wasser geschlagen. Nach einem weiteren Schlag von gleicher Stelle mit gleichem Ergebnis war ich dann endlich auf dem Grün, das inzwischen fast unter Wasser stand. Obwohl Spielunterbrechung angezeigt wurde, wollte ich das Loch unbedingt fertig spielen. Mit dem ersten Putt schaffte ich gerade die halbe Distanz zum Loch. Danach brauchte ich zwei weitere Putts zu einer 9.

Das Spiel auf der Runde

Ungläubig musste ich zuschauen, wie der Ball zu meinen Füßen zurückrollte. Erst mit dem nächsten Schlag kam ich heraus.

Neben der Tatsache, dass ich seit langer Zeit zwei meiner schlechtesten Schläge überhaupt gemacht hatte, lag das Hauptübel darin, dass ich völlig meine Konzentration verloren hatte. Nicht nur Schwungfehler können also zu Problemen führen, durch Frustration werden sie verdoppelt, in diesem Fall sogar verfünffacht.

Selbst wenn es gelingt, die Schwungprobleme in den Griff zu bekommen, wie es mir während der Saison 1999 gelungen war, ist das keine Garantie für eine jederzeit perfekten Schwung. Der eigentliche Grund aber, dass ich heute um so viel erfolgreicher bin, liegt darin, dass meine schlechten Schläge nicht mehr so schlecht ausfallen wie früher. Es kommt zu weniger Katastrophen. Manchmal ist es ja auch so, dass man gut spielt und Pech einen aus der Bahn zu werfen droht. Dann zu wissen, wie die »trouble shots« zu spielen sind, hilft ganz entschieden, dass ungünstige Situationen nicht zu Katastrophen ausarten.

Schwierigkeiten meistern

Wann muss ich ein Held sein und wann nicht

Wenn ich einen Abschlag so richtig »vergeigt« habe, muss ich das akzeptieren können und alles daran setzen, den Ball wieder ins Spiel zu bringen. Dennoch gibt es Momente, in denen ich volles Risiko spielen muss – etwa im Lochwettspiel bei 2 down, nur noch zwei zu spielenden Löchern und nur ein Birdie kann mich retten. Dann macht das Spiel so richtig Spaß. Nichts freut mich mehr als erfolgreiche Rettungsschläge; aber ich wäge sehr genau ab, bevor ich mich für einen solchen entscheide. Bei den Phoenix Open 1999 halfen mir meine Freunde, ich musste kein Held sein.

Der flache Hook – ich setze meine großen Muskeln ein

Mit diesem Schlag habe ich ausreichend Bekanntschaft gemacht, vor allem in meiner Jugend, als ich noch nicht so viel Kontrolle über meinen Driver hatte. Als Erstes brauchen Sie dafür einen etwas weiteren Stand als gewöhnlich, und der Ball liegt im Stand ein klein wenig zurück von der Mitte. Richten Sie Ihre Füße, Hüften und Schultern square aus, aber ein wenig nach rechts vom Ziel. Schwingen Sie flach und ausladend zurück, entlang der Linie Ihrer Füße. Wie viel der Ball nach links kurven soll, regulieren Sie durch den Umfang, wie Sie das Schlägerblatt schon während des Ansprechens schließen, auf keinen Fall durch Manipulieren mit den Händen während des Vorschwungs. Als generelle Regel gilt: Ich richte meinen Körper (Füße, Hüften, Schultern) auf jenen Punkt aus, wohin der Ball starten soll, das Schlägerblatt hingegen dorthin, wo der Ball landen soll. Das ist die einfachste Methode, einen gewollten Hook zu schlagen.

Ich setze dabei meine großen Muskeln ein. Die meisten Amateure richten sich zu weit nach rechts aus, machen einen zu steilen Rückschwung und kommen dann auch zu steil an den Ball. Sehr oft wird daraus ein zu fett getroffener Schlag. Sie müssen vielmehr das Gefühl haben, den Ball mit einer fegenden Bewegung zu spielen, wobei Sie von innen an den Ball kommen müssen und dann betont durch ihn durch gehen.

DER BALL LIEGT IM STAND ZURÜCK, UND DAS SCHLÄGERBLATT IST LEICHT GESCHLOSSEN.

Der gewollte Slice – das Schlägerblatt ist leicht offen

Ich stelle mir genau vor, wie und wohin der Ball fliegen soll, und treffe in diesem Sinn alle Vorbereitungen. Für einen gewollten Slice nehme ich immer zwei Schläger mehr als gewöhnlich, damit ich die gewünschte Länge erziele. Mein Stand und mein Schlägerblatt sind beim Ansprechen leicht offen, und der Ball liegt entweder weiter vorn oder weiter zurück, je nachdem, ob er hoch oder niedrig fliegen soll. Der Rückschwung startet ein wenig mehr nach außen als üblich, und beim Vorschwung verläuft die Schwungebene von außen nach innen. Der Schlägerkopf darf sich im Treffmoment nicht schließen.

Wenn der Ball richtig kurven soll, müssen Sie in allem übertreiben.

Der Ball im Divot nach dem Abschlag

Jeder muss damit fertig werden, wenn sich die Bälle zu eigenartigen Zielen verirren. Ich habe meine Schläge schon in Stechginsterbüsche gesetzt, lag unmittelbar vor einem faustgroßen Stein oder einem Baumstumpf und musste schon von riesigen Felsen weg-

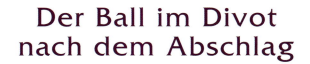

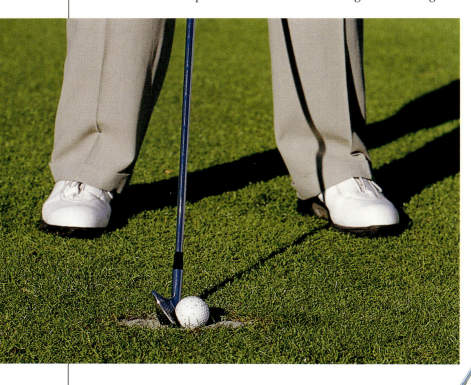

Das Spiel auf der Runde

spielen, um einige Hindernisse zu nennen. Die Schwierigkeiten resultieren in der Regel aus verirrten Abschlägen. Was mich immer wieder an der Gerechtigkeit des Spiels zweifeln lässt, ist, wenn ich meinen Ball nach einem perfekten Abschlag mitten im Fairway in einem Divot mit Sanduntergrund finde. Dann ist eine positive Einstellung zu einem negativen Tatbestand von Vorteil. Der Glaube, sich jetzt mit einem guten Schlag aus der misslichen Lage retten zu können, ist genauso wichtig wie zu wissen, mit welcher Technik das zu geschehen hat.

Erst der Ball und dann der Boden
Ein Sanddivot ist so etwas Ähnliches wie ein Fairway-Bunker en miniature, und folgerichtig muss der Schlag auch mit einer entsprechenden Technik gespielt werden. Der Ball liegt dabei im Stand deutlich zurück. Das soll dazu führen, dass zuerst der Ball und dann erst der Boden getroffen wird – ein absolutes Muss. Stehen Sie betont aufrecht, sodass Sie den Ball nach vorn fegen können, genau so wie in einem Fairway-Bunker. Der Rückschwung fällt ein wenig steiler als gewohnt aus, was ebenfalls dazu beiträgt, zuerst den Ball und dann den Sand zu treffen. Nehmen Sie einen Schläger mehr, als Sie das bei der Länge sonst tun würden. Ihr Schwung kann dann ruhiger ablaufen, und Sie verlieren nicht so leicht die Balance. Durchschnittsspieler schlagen oft zu steil auf den Ball, um ihn quasi aus dem Divot herauszupressen. Erfolgreicher ist es sich vorzustellen, das Divot mit dem Schlag zu vergrößern. Das fördert soliden Ballkontakt.

Wie im Fairway-Bunker halte ich meinen Unterkörper im Schwung möglichst ruhig, der Schlag erfolgt weitgehend aus den Armen. Das sorgt ebenfalls für guten Ballkontakt, der einfach zwingend geboten ist bei einer so schlechten Ausgangssituation.

DER UNTERKÖRPER BLEIBT RUHIG, DAS DIVOT IST DEUTLICH GRÖSSER GEWORDEN.

Die Dreckkugel

Ich spiele lange genug, um mich nicht mehr dauernd mit der Frage der Fairness im Golf quälen zu müssen. Manchmal kann man an dieser Frage aber schon verzweifeln, wenn zum Beispiel am Ball ein Klumpen Dreck hängt, weil der Platz sehr nass oder der Ball unglücklich in feuchte Ecken gesprungen war. Das Geheimnis, eine solche Dreckkugel zu spielen, liegt in dem Wissen, wie der Dreck die Flugkurve des Balls beeinflusst. Als Faustregel gilt, dass der Ball gegen die Richtung des anhaftenden Erdklumpens fliegt: Befindet sich der Dreck mehr auf der linken Seite des Balls, hat sein Flug Rechtstendenz, und umgekehrt. Ist schon die Richtung nicht präzise zu bestimmen, kommt auch noch die schwer kalkulierbare Länge hinzu. Der Schlag ist tatsächlich nicht so ganz einfach.

Ich passe Ansprechhaltung und Tempo an
Wenn also der Klumpen rechts anhaftet und der Ball daher eher nach links fliegt, muss ich dies in meiner Ansprechhaltung berücksichtigen. Was ich jetzt in keinem Fall versuchen sollte, ist, den Ball manövrieren zu wollen. Ich trage der zu erwartenden Flugkurve Rechnung, indem ich einen Schläger mehr nehme und lockerer schwinge. Ein deutliches, wenn auch nicht volles Finish zeigt an, dass ich mit dem ganzen Körper bewusst durch den Ball gegangen bin.

Das Spiel auf der Runde

Schwierigkeiten meistern

Der Schlag aus dem Wasser

Meine Erfahrungen mit Wasserhindernissen sind meist jene der tiefen Art. Droppen mit Strafe ist dann angesagt. Doch manchmal liegt der Ball so, dass er nur knapp untergegangen ist und gespielt werden kann. Wer die Technik kennt, steht vor keiner unlösbaren Aufgabe. Als Erstes ziehe ich Schuhe und Strümpfe aus und meine Regenhose an. Den Schlag gehe ich genauso an, als wollte ich einen Explosionsschlag aus einem Grünbunker spielen. Ich öffne Stand und Schlägerblatt. Den Ball spreche ich sehr weit vorn im Stand an, mein Blick aber richtet sich auf einen Punkt etwa 3 Zentimeter hinter dem Ball. Im Rückschwung winkele ich die Handgelenke vollständig ab und schwinge so steil wie möglich – wie bei einem Bunkerschlag. Ich gebe etwa 50 Prozent mehr Gas, weil das Wasser in seiner Dichte dem Sand in etwa gleichkommt. Mein wichtigster Schwunggedanke ist: »Geh' durch den Ball.« Ich darf den Schlag auf keinen Fall im Treffmoment abbrechen. Es befremdet mich immer, wenn ich in anderer Kreaturen Lebensraum eindringen muss. Wer weiß, was da für Tiere lauern. Bevor ich daher tatsächlich spiele, lasse ich meinen Caddie prüfen, was im Wasser los ist.

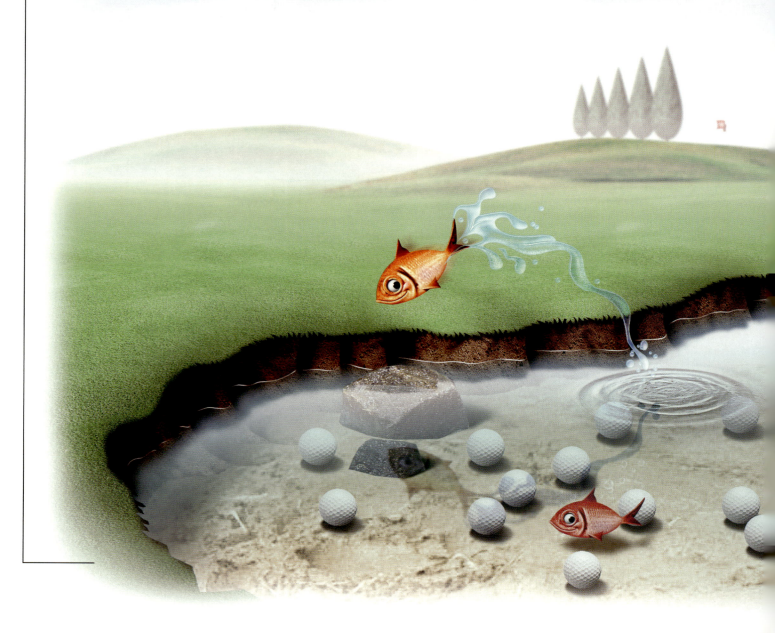

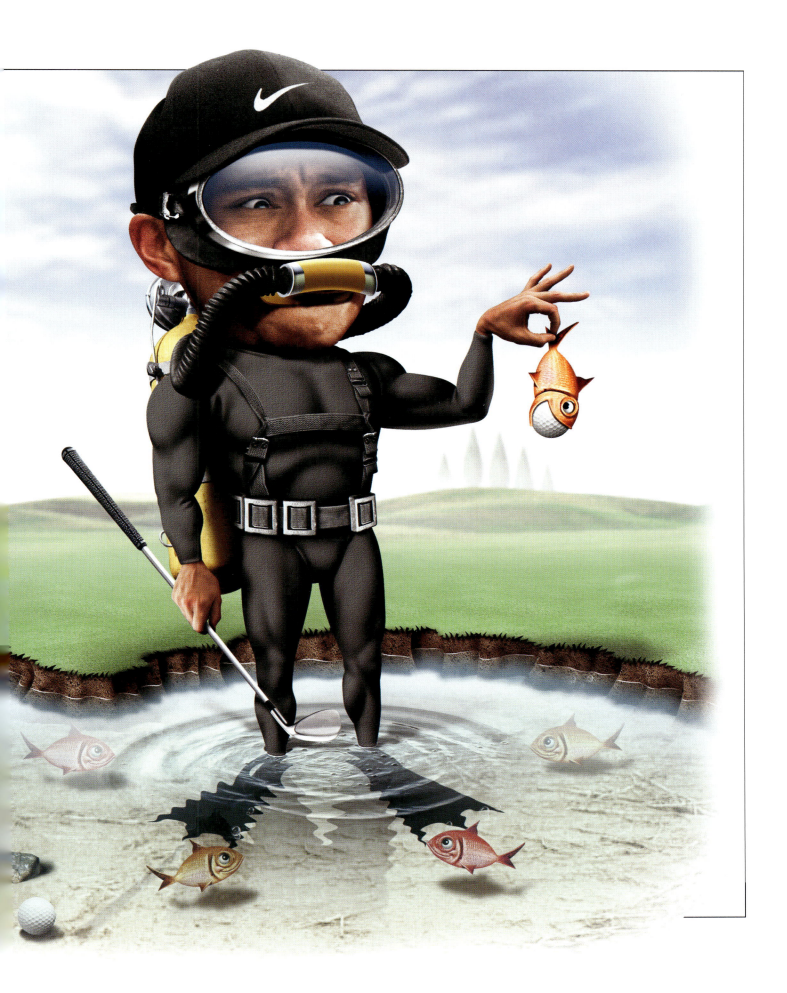

Ich bleibe bei Hitze »cool«

Manchmal beeinträchtigen die äußeren Bedingungen das Spiel ganz entschieden. Als Südkalifornier bin ich ein Warmwetter-Spieler. Ich mag es, wenn die Grüns schnell sind und die Sonne vom Himmel brennt. Mitunter ist es dermaßen heiß, dass sich dies körperlich und mental auf das Spiel auswirkt.

Ich reise gern in die Heimat meiner Mutter, um dort an Turnieren teilzunehmen. Aber jedes Mal, wenn ich in Thailand spiele, gerate ich in eine Hitzewelle. Als ich an der Johnnie Walker Classic 2000 teilnahm, herrschten jeden Tag bis zu 40 Grad, von der hohen Luftfeuchtigkeit ganz zu schweigen. Ich kann die Hitze dank meines guten körperlichen Zustands problemlos aushalten, allerdings sind eine Reihe von Vorkehrungen angesagt. Mein normaler Menschenverstand sagt mir ja auch, was ich etwa bei extremer Kälte oder Regen zu tun habe.

■ Ich trage bewusst helle Kleidung, nicht jedoch in einer Finalrunde: Da ist die Farbe traditionell Rot.

■ Dem Dehydrieren beuge ich vor, indem ich viel, sehr viel trinke.

■ Ich esse Obst (Äpfel und Bananen) und/oder Früchteriegel, um meinen Kaliumhaushalt in Ordnung zu halten. Auch mag ich spezielle Energieriegel, weil sie leicht verdaulich sind.

■ Einen Teil meines Handtuchs halte ich nass und benutze es zur Kühlung. Mit dem anderen Ende trockne ich meine Hände und den Schlägergriff.

■ Meine Mütze schützt mich vor der direkten Sonneneinstrahlung.

■ Ich brauche mindestens ein halbes Dutzend Handschuhe und wechsele sie praktisch ununterbrochen.

■ Ich bewege mich langsamer, um Energie zu sparen.

■ Ich konzentriere mich nur auf das, was ich beeinflussen kann – meinen nächsten Schlag. Mit der Hitze zu hadern, bringt nichts.

Wie ich mich vor Kälte schütze

Anders als bei anderen Sportarten wird Golf manchmal bei wirklich grässlichem Wetter gespielt. Wenn es draußen dann auch noch kalt ist, möchte ich »drinnen« warm bleiben. Und so gelingt es mir:

■ Seidenunterwäsche konserviert die Körperwärme.

■ Ich bevorzuge mehrere Schichten leichter Kleidung übereinander. Ein schwerer Parka taugt nicht.

■ Weil die meiste Wärme den Körper über den Kopf verlässt, trage ich eine dunkle Kappe, oft auch eine Wollmütze.

■ Wollene Fäustlinge mag ich nicht, sie sehen nicht männlich aus. Trotzdem muss ich die Wärmespender gelegentlich tragen, damit das Gefühl in meinen Händen bleibt.

■ Ich mache mehr Stretching-Übungen, weil Kälte die Muskeln zusammenzieht.

■ Zwischen den Schlägen gehe ich schneller, um Wärmeenergie freizusetzen.

■ Ich konzentriere mich nur auf das, was ich beeinflussen kann. Die Kälte bleibt davon ausgenommen.

Wie ich mich auf Regen vorbereite

Wer sagt, beim Golf würde es nie regnen, der spielt offensichtlich keine Turniere. Selbst kleine Regenschauer können einem das Spiel völlig verderben, wenn man sich nicht entsprechend schützen kann. Ich sage Ihnen, wie ich mich wappne.

■ Als Erstes hilft ein großer, windtauglicher Regenschirm.

■ Ich habe eine ausreichende Menge Handschuhe im Bag und wechsele sie bei Bedarf.

■ Im Schirm halte ich ein trockenes Handtuch griffbereit.

■ Gute Regenschutzbekleidung ist für mich ein Muss.

■ Immer dabei habe ich ein Paar Ersatzsocken.

■ Die Mütze hält meinen Kopf trocken.

■ Den Schirm meiner Mütze trage ich nach hinten. So tropft das Wasser nicht vor mir herunter, wenn ich mich beim Putten und Chippen vornüber beuge.

■ Meinen Spielrhythmus behalte ich bei. Einfach nur schnell schlagen, weil es regnet, ist kein angebrachtes Verhalten.

■ Wie schon gesagt: Ich konzentriere mich auf mein Spiel – trotz des schlechten Wetters.

Schwierigkeiten meistern

Gegen den Wind: »knock down«

Von Anfang an hatte ich das Ziel, international bestehen zu können. So musste ich mich damit anfreunden, auch die sog. Links-Plätze spielen zu können, was bedeutete, mit dem Wind fertig zu werden. Von meinem Coach Butch Harmon lernte ich anlässlich der US-Amateur Open 1995 im Newport (R.I.) Country Club eine Technik, die mir oftmals geholfen hat, im Wind zu bestehen. Der als »knock down« bezeichnete Schlag kann bei gekonnter Ausführung Ihr Spiel sogar bei Sturm kontrolliert ablaufen lassen.

Mehr Schläger und gefühlvoll zuschlagen
Der »knock down« ermöglicht die Kontrolle über die Flugkurve des Balls. Je flacher er fliegt, umso weniger windanfällig ist er. Der Schlüssel dafür, auch bei starkem Gegenwind Kontrolle über die Länge zu haben, liegt in »mehr« Schläger und einem gefühlvollen Schwung. So wird der Backspin vermindert. Der unerfahrene Spieler kämpft gegen den Wind immer mit zu hartem Zuschlagen an. Aber gerade das erzeugt Backspin, der Ball fliegt hoch in die Luft und kommt zurück.

In die Knie gehen
Ihr Stand sollte jetzt etwas breiter als sonst üblich sein, und beim Ansprechen beugen Sie die Knie so weit, dass Sie das Gefühl haben, sich fast hinzusetzen. Der Ball liegt im Stand relativ weit zurück. Es folgt ein Dreiviertel-Rückschwung, wobei der Schläger flach und ausladend zurückgeführt wird.

Der Schwunggedanke ist »niedrig und weit«
Sie wollen einen weit ausholenden Schwung zurück und nach vorn erreichen. Ein typischer Amateur-Fehler ist es, zu steil an den Ball zu kommen und ein großes Divot aus dem Boden zu hauen. Der Ball schießt dann steil nach oben wegen des Backspins. Jetzt kommt es vielmehr darauf an, dass Sie Ihre Hände in der Treffzone betont tief halten. Ein ausbalanciertes halbes Finish steht am Ende des Schlags. Das Ergebnis sollte ein niedrig fliegender Ball sein, der kaum vom Wind angegriffen werden kann.

Das Spiel auf der Runde

Im Finish bleiben die Hände etwa in Kopfhöhe. Zu einem vollen Finish kommt es nicht. Wenn Sie mehr darüber wissen wollen, wie ich den »knock down« spiele, dann lesen Sie auf der nächsten Seite »Wie ich den Wind austrickse«.

Schwierigkeiten meistern

Wie ich den Wind austrickse

Wenn der Sturm heult, darf der Ball nur so kurz wie möglich in der Luft sein und muss niedrig fliegen, um dem Wind möglichst wenig Angriffsfläche zu bieten. Der »knock down« ist dann die adäquate Technik, um selbst unter widrigsten Bedingungen meinen Score beisammen zu halten.

Ich programmiere den Ballflug
Auf drei Voraussetzungen lege ich mein Augenmerk. Als Erstes muss der Ball beim Ansprechen knapp hinter der Mitte des Stands liegen. Als Zweites nehme ich »mehr« Schläger. Beides führt zu weniger Loft und leichterem Schwingen. Schließlich ist mein Stand der Stabilität wegen überbreit, und ich gehe mehr als gewohnt in die Knie. Damit kann ich gegen den Wind erfolgreich bestehen.

Kein voller Schwung und niedrige Hände
Der »knock down« verlangt Kontrolle. Gute Balance ist ein Muss. Deshalb mache ich nur einen Dreiviertel-Schwung, wobei ich meiner Schlägerwahl (weniger Loft) vertraue und deshalb nicht zu kurz bleibe. Der Schwungbogen fällt beim Rück- und Vorschwung betont weit aus, und ich attackiere den Ball in einem flachen Winkel, was durch ein kaum sichtbares Divot deutlich wird. Zu steil auf den Ball zu schlagen würde ihn zu steil in die Luft befördern. Auf dem Weg ins nur halbe Finish halte ich meine Hände betont tief. Wenn Sie diese Anleitungen umsetzen, werden Sie erstaunt sein, wie wenig der Wind Ihren Bällen anhaben kann.

ICH SPIELE DEN BALL RECHTS VON DER MITTE UND ENDE MIT EINEM FLACHEN FINISH, UM DEN BALL NIEDRIG ZU HALTEN.

Das Spiel auf der Runde

ICH SCHWINGE NICHT WEITER ZURÜCK ALS HIER ZU SEHEN.

ICH VERSUCHE, MEINE HÄNDE UNTERHALB DER GÜRTELLINIE ZU BELASSEN.

Schwierigkeiten meistern

Das Spiel auf der Runde

Zwei tödliche Flugkurven

Wenn Sie mit Ihren Schlägen dauernd Probleme haben, so könnte dies an Ihrer Schwungtechnik liegen. Möglicherweise ist sie völlig aus den Fugen geraten. Viele meiner Pro-Am-Partner mit hohem Handicap leiden an desaströsen Flugkurven ihrer Bälle: nach rechts als Slice oder Push-Slice und nach links als Hook oder Pull-Hook.

Wenn Sie slicen
Das Schlägerblatt ist im Treffmoment offen. Sehr oft sind die Handgelenke und/oder die Unterarme die Schuldigen. Die Unterarme rotieren zu sehr im Rückschwung-Start, und das linke Handgelenk ist am Ende zu stark abgewinkelt. Das Schlägerblatt ist dann als anatomische Konsequenz offen, das heißt, die Schlägerspitze weist deutlich nach unten. »Oben offen« heißt aber nichts anderes als auch im Treffmoment offen – mit dem Ergebnis: Slice. Ist dies mit einer Schwungebene kombiniert, die zu sehr von innen verläuft, fliegt der Ball nach rechts. Bemühen Sie sich, oben angekommen, um ein nicht mehr abgewinkeltes linkes Handgelenk und ein squares Schlägerblatt. Sie erreichen eine solche Position mit weniger aktiven Händen und vor allem mit weniger Unterarmrotation. Stellen Sie sich vor einen Spiegel und überprüfen Sie den Winkel Ihres Handgelenks. Ihre »Bananen« sollten der Vergangenheit angehören.

EIN ABGEWINKELTES HANDGELENK FÜHRT ZUM SLICE.

Wenn Sie hooken
Das Schlägerblatt ist im Treffmoment geschlossen. Das rührt meistens von zu passiver Körperrotation im Vorschwung her. Diese wiederum lässt sich zurückführen auf ein zu tief gehaltenes Kinn im Rückschwung-Start, was es unmöglich macht, sich ausreichend zurückzudrehen. Und vordrehen können Sie sich nur in dem Ausmaß, wie Sie sich zurückgedreht haben. Erkennen können Sie Defizite im Rückschwung am ehesten, wenn Sie an sich eine mangelhafte Gewichtsverlagerung feststellen. Instinktiv wollen Sie dann durch überaktive Hände für Ausgleich sorgen, wodurch sich das Schlägerblatt schließt – mit dem Ergebnis: Hook. Bleiben Sie kompakt, ist hier mein Rat! Das heißt, halten Sie das Dreieck, gebildet aus Händen, Armen und Schultern, vom Ansprechen bis zum Schwungende unverändert. Wenn Sie das schaffen, verlagert sich Ihr Gewicht ganz automatisch im Rückschwung nach rechts und im Vorschwung wieder nach links.

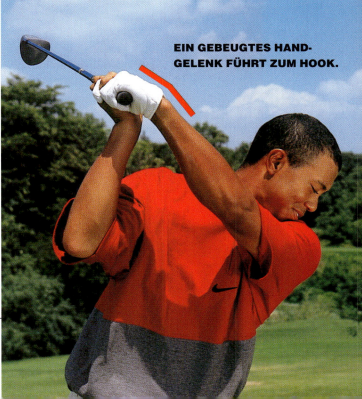

EIN GEBEUGTES HANDGELENK FÜHRT ZUM HOOK.

Glück gehabt! Das wünsche ich auch Ihnen.

Am letzten Loch des Play-offs bei der PGA Championship 2000 im Valhalla Country Club in Louisville landete mein Abschlag als Pull-Hook fast auf dem angrenzenden Parkplatz. Doch der Ball prallte von einem Baum ab, flog auf einen Fahrweg und rollte in eine spielbare Lage. Ich konnte ihn aufs Fairway schlagen und war damit wieder im Spiel. Mein Eisen 5 auf diesem Par 5 landete dann allerdings in einem Grünbunker. Von dort aus gelang mir ein Explosionsschlag 60 Zentimeter an den Stock. Ein glückliches Par, zugegeben, aber eins, das mir meinen 5. Major-Titel sicherte.

Das Spiel auf der Runde

Schwierigkeiten meistern

Eine Erklärung für meine Erfolge: Ich entwickle einen Rundenplan, an den ich mich nach Möglichkeit halte.

◆9◆
DIE KONTROLLE BEHALTEN

SEIN SPIEL IM GRIFF HABEN

Mein Vater pflegte zu sagen: »Sohn, Du kannst nur das zurückbekommen, was Du vorher investiert hast«, im Sinne von: »Wer ernten will, muss säen.« Immer wenn ich Probleme hatte, bin ich durch diese einfache Weisheit wieder zurechtgerückt worden. Wie viel physische Veranlagung einem auch in den Schoß gefallen sein mag, daraus Kapital zu schlagen, bedarf ständigen Einsatzes. Mir wurde auch beigebracht, wie ich das Spiel beherrsche und nicht das Spiel mich. Immer wieder erzählt mir mein Vater von meiner ersten Erfahrung in Sachen Platzstrategie. Ich kann mich nicht mehr daran erinnern. Vielleicht aber basiert das, was ich auf diesem Felde heute kann, doch auf einer verborgenen Erinnerung an damals.

Die Geschichte spielte sich angeblich so ab: Mein Vater und ich spielten auf dem Navy Platz meiner Heimat Cypress in Kalifornien. Am 2. Loch schlug ich meinen Drive hinter eine Gruppe hoher Bäume. Mein Vater fragte, was ich denn jetzt zu tun gedenke, worauf ich ihn fragend, ja eher verständnislos ansah. »Mein Sohn, wir arbeiten an der mentalen Seite Deines Spiels und an der Platzstrategie, zwei ganz wesentliche Aspekte, wenn man im Golf etwas werden will. Ich frage Dich, Tiger, also nochmals, was machst Du jetzt?« Ich antwortete: »Ich kann den Ball unter den Bäumen durchschlagen, das aber empfiehlt sich nicht so sehr, weil vor dem Grün ein großer Bunker ist.« Mein Vater nickte. »Ich kann den Ball nicht über die Bäume spielen, weil diese zu hoch sind.« Wieder nickte mein Vater. »Ich kann den Ball zurück aufs Fairway spielen, von dort aufs Grün und mit einem Putt zum Par einlochen.« Er sagte: »Sohn, das ist Platzstrategie.«

Mein Vater ist ein ehemaliger Soldat und entsprechend konservativ. Er ist der festen Überzeugung, dass es für alles im Leben einen klaren Ablaufplan gibt – natürlich auch für Golf. Als er diese Lebensweisheit auf mich Dreijährigen niederprasseln ließ, fragte ich natürlich erst einmal, warum. Er erklärte mir, dass jeder Golfschlag damit beginne, dass man hinter den Ball tritt. Man habe sich den Ballflug vor das geistige Auge zu zaubern und alle Eventualitäten – gute wie schlechte – ins Kalkül zu ziehen. Erst danach könne man den Ball so schlagen, wie man sich das vorgenommen hat. Ich habe das damals noch nicht begriffen, aber mein Vater hat bei mir auf einer immer gleich bleibenden Schlagvorbereitung bestanden. Wie oft habe ich diese Routine nicht beachtet; aber nach dem Motto »Übung schafft Gewöhnung« ist sie dann doch relativ schnell zum festen Bestandteil geworden. Und ich bin sicher, dass sie zu einem guten Teil daran beteiligt war, dass ich bald darauf mein erstes großes Turnier gewonnen habe – die Southern California Junior Golf Association.

Es dürfte gewöhnungsbedürftig ausgesehen haben, wenn ein kleiner Junge sich so exakt an die Routine hält. Sicherlich wurde ich dabei auch belächelt. Mich hat das aber nie gestört. Es gehörte eben zu meinem Spiel. Ich spielte eine 120 und gewann. Meine Eltern waren stolz auf mich, und ich glaube, ich war auch stolz auf mich. Noch heute gehe ich durch dieselbe Routine wie damals. Welcher Schwungvorbereitung und Ansprechroutine Sie sich auch verschrieben haben, zwei Dinge sind wichtig: Alles muss in immer gleich bleibender Reihenfolge ablaufen, es darf aber das Spiel nicht verzögern.

Gute Spieler konzentrieren sich immer nur auf das Hier und Jetzt, will heißen, sie lassen sich durch nichts ablenken. Keine Situation im näheren oder weiteren Umfeld bringt sie aus der Ruhe. Um dies auch für mich zu erreichen, halte ich mich geradezu zwanghaft an meine Routine. Ich habe das von meinem Vater gelernt und der wiederum hat es bei Jack Nicklaus gelesen. Dessen Schwungvorbereitungen zählen zugegeben nicht gerade zu den schnellsten, aber sie sind genau auf seinen persönlichen Rhythmus zugeschnitten. Es heißt, man könne seine Routine mit der Stoppuhr messen, sie wäre jedes Mal genau gleich. Auch meine Routine ändert sich in der Abfolge der Vorgehensweise nie. Sie hilft mir, ruhig und konzentriert zu bleiben, bestens darauf vorbereitet, all mein Können in den Schlag zu einzubringen.

Jeder Golfschlag beginnt hinter dem Ball. Ich stelle mir den beabsichtigten Ballflug vor und blende alles andere um mich herum aus ...

Anschließend spreche ich den Ball an und mache einige »waggles« ...

Das Spiel auf der Runde

Was die Platzstrategie anbelangt, muss auch hier ganz gezielt vorausgedacht werden, so als würde man sich auf ein Abschlussexamen vorbereiten. Auf jede Frage soll die Antwort parat sein. Wenn ich mich auf ein neues Turnier vorbereite, besteht der erste Schritt immer darin, den Kopf frei zu bekommen von dem, was gerade hinter mir liegt. Was ich in den zurückliegenden Tagen gut oder nicht gut gemacht habe, soll jetzt nicht mehr von Interesse sein. Ich kann – wenn ich will – später noch einmal darüber nachdenken. Ich möchte aber jedes neue Turnier geistig unbelastet und unbeeinflusst vom Gerade-Gewesenen beginnen.

In einem zweiten Schritt geht es dann darum, wie aus der Kenntnis des Platzes die einzelnen Löcher zu spielen sind. Mit meinem Vater habe ich das für einzelne Spielbahnen immer wieder durchexerziert. Als ich 1995 zum ersten Mal das Masters spielte, habe ich viele Stunden vorher damit zugebracht, mir mithilfe von Videos Platzkenntnis zu verschaffen. Daraus habe ich einen Spielplan entwickelt. Aber sehr schnell merkte ich, dass man sich da zu leicht festfährt. Vorher alles genau bestimmen zu wollen, wie und mit welchem Schläger dies oder jenes Loch exakt zu spielen ist, wird der dann sich tatsächlich einstellenden Spielsituation nicht immer gerecht. Heute mache ich es eigentlich gerade umgekehrt. Ich nehme mir bewusst nichts vor und lasse die jeweilige Situation diktieren, was jetzt zu machen oder besser zu unterlassen ist. Die Situation kann plötzlich wechseln, ich kann aggressiver oder weniger aggressiv angreifen müssen. Beim Golf ist eben auch Flexibilität ganz wichtig.

Ein letzter Blick zum Ziel …

Dann starte ich durch.

Die Kontrolle behalten

253

Wenn ich mich auf einen schon gut bekannten Platz vorbereite wie Augusta National und noch eine Woche Zeit habe, trainiere ich auf meinem Heimatplatz. Ich arbeite dann an jenen speziellen Schlägen, die ich für das Masters brauche. So etwa an dem Draw für den 13. Abschlag, dem Par-5-Loch. Ein gerader Schlag tut es hier absolut nicht, weil ich damit unter den Pinien lande am rechten Rand des Roughs. Ich arbeite wirklich hart an diesem Draw, weil ich sicher sein will, ihn auch unter härtestem Druck spielen zu können. Wenn ein Platz wie Muirfield Village ähnliche Bedingungen aufweist wie Pebble Beach, auf dem zwei Wochen später die US Open 2000 stattfinden wird, trainiere ich Schläge, die für das Major wichtig sind. In jenem Jahr war in Muirfield das Rough um die Grüns herum an manchen Stellen etwa 10 Zentimeter hoch, und die Grüns selbst waren hart und sehr schnell – gleiche Bedingungen also, wie ich sie in Pebble Beach vorfinden würde. Natürlich trainierte ich jetzt jene Spezialschläge aus dem schwierig zu spielenden Rough, wobei feines Timing Voraussetzung war, um die Bälle ans Loch zu bringen. Weil ich diese Schläge schließlich einigermaßen beherrschte, gewann ich nicht nur das Memorial in Muirfield, sondern ich legte damit auch den Grundstock zum Sieg bei dem Open.

Wenn ich auf einem Platz zum ersten Mal überhaupt spiele, gilt der Einspielrunde größte Aufmerksamkeit. Da geht es für meinen Caddie und mich erst einmal um eine generelle Einstimmung. Wir gehen dabei nach einer Checkliste vor und versuchen Antworten darauf zu finden, mit welcher Art von Schlägen die jeweiligen Löcher gespielt werden müssen und wie die Grüns auf die unterschiedlichen Flugkurven der Bälle reagieren. Ein erfolgreicher Spieler sollte wissen, was er sich zutrauen kann und welches Risiko er meiden muss.

G enerell geht es bei der Beurteilung von Turnierplätzen natürlich auch um deren Charakteristik. Ist es ein Links- oder ein Inlandplatz, ist er kurz und eng oder eher lang und offen. Ich bevorzuge Linksplätze wie die der British Open, weil sie die wohl höchsten Ansprüche an die Kreativität und das Schlagrepertoire eines Spielers stellen.

Meistens spielen wir in Amerika auf den sog. Inlandsplätzen und haben damit Woche für Woche praktisch die glei-

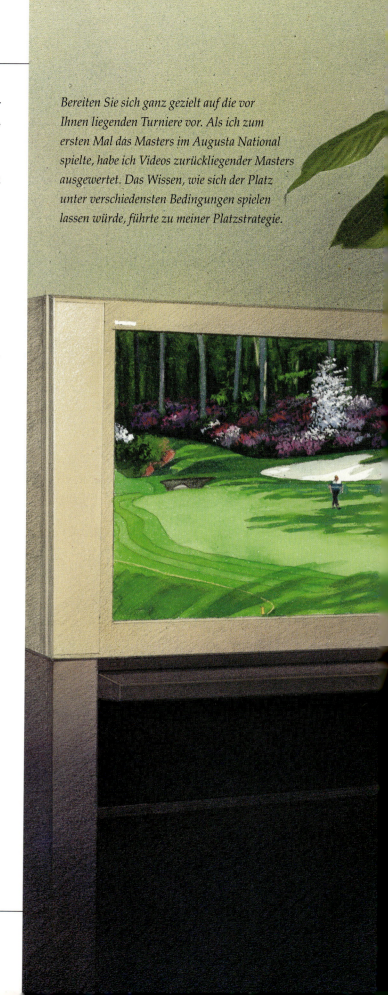

Bereiten Sie sich ganz gezielt auf die vor Ihnen liegenden Turniere vor. Als ich zum ersten Mal das Masters im Augusta National spielte, habe ich Videos zurückliegender Masters ausgewertet. Das Wissen, wie sich der Platz unter verschiedensten Bedingungen spielen lassen würde, führte zu meiner Platzstrategie.

Alle mir zugänglichen Informationen werte ich aus, bevor ich mich für einen Schläger und den Schlag entscheide.

chen äußeren Bedingungen, sodass über Sieg oder Niederlage mehr oder weniger nur das Putten entscheidet. Beide Platztypen verlangen dieselbe Schwungtechnik, aber unterschiedliche Schläge. Während ein missratener Abschlag auf einem Inlandplatz nicht unbedingt katastrophale Folgen hat, führt der gleich lange und gleich hoch fliegende, aber eben von der Bahn abkommende Drive auf einem Linksplatz ins Desaster. Er landet in hüfthohem Seegras oder, noch schlimmer, in dichtem Stechginster. Sein technisches Können kann man auf Linksplätzen auch deshalb besser zur Geltung bringen, weil »knock downs«, »bump-and-runs« und auch spezielle »Lob-shots« fast immer belohnt werden. Dann der Wind. Einmal ein Eisen 9 160 Meter und eine Minute später ein Eisen 3 130 Meter. Wer jetzt ein vielseitiges Schlagrepertoire einsetzen kann und auch noch die Nerven hat, die Schläge unter Druck erfolgreich auszuführen, dem gehört die Welt.

Ich bin nicht unbedingt ein Freund von Plätzen, die so eng sind, dass man als Longhitter eigentlich seinen Driver gar nicht anrühren darf. Ich rege mich nicht über 15 Zentimeter hohes, dichtes Rough auf, wenn es ein Charakteristikum des Platzes ist. Ich habe die Bedingungen zu akzeptieren. Und wenn die Landezonen des Abschlags nur 20 Meter breit sind, dann muss ich auch damit fertig werden. Die Dinge zu nehmen, wie sie sind, ist ein weiterer Teil der Platzstrategie.

Das Spiel auf der Runde

Meine Empfehlungen zur Platzstrategie

- **JA:** Der Spielplan muss vor der Runde »stehen« und wird nicht erst während der Runde gemacht.

- **JA:** Bei jedem Annäherungsschlag muss immer die genaue Entfernung zum Grünanfang sowie zur Fahne bekannt sein.

- **JA:** Klare Entscheidungen, wann mit Risiko und wann sicher gespielt werden kann.

- **JA:** Finden Sie sich damit ab, dass zuweilen auch ein Bogey ein gutes Ergebnis ist.

- **JA:** Die Abschläge vom Tee sollten immer so geplant werden, dass die gefährliche Seite des Fairways umspielt wird.

- **JA:** Spielen Sie Ihr eigenes Spiel, des Gegners Spiel ist dessen Sorge.

- **NEIN:** Dämpfen Sie Ihr Ego. Große Auftritte sind jetzt fehl am Platz.

- **NEIN:** Lassen Sie sich nicht von Missgeschicken unterkriegen. Vergessen Sie, was am letzten Loch geschah – nur das nächste zählt.

- **NEIN:** Gemeine Fahnenpositionen sollten Sie nicht verleiten. Spielen Sie, wenn möglich, den sicheren Teil des Grüns an.

- **NEIN:** Niemals schwierige Schläge unter Druck spielen, wenn sie vorher nicht ausreichend trainiert wurden.

- **NEIN:** Zielen Sie niemals so, dass der geradeaus fliegende Ball in einer Problemzone landen könnte.

- **NEIN:** Golf ist ein Spiel, vergessen Sie das nicht. Freude gehört auch dazu.

Die Kontrolle behalten

Ich bemühe mich immer, auch für das Unvorhersehbare gerüstet zu sein. Ich will nicht nur auf mein bloßes technisches Können bauen, sondern auch auf meine Kreativität, wenn es um die Befreiung aus misslichen Lagen geht oder schwierige Aufgaben zu bewältigen sind. Weil das auf Linksplätzen gefordert ist, habe ich diese so besonders gern. Manchmal muss man an ein und demselben Loch wirklich alles zeigen, was in einem steckt. Zum Beispiel 180 Meter mit einem Eisen 9 schlagen, um dann einen 40 Meter Putt vor sich zu haben – nichts Ungewöhnliches auf Linksplätzen. Die exakte Kontrolle der Längen sowie der Flugbahn des Balls ist bei jedem Schlag wichtig – besonders aber dann, wenn schwierige Inselgrüns anzuspielen sind.

Zielen Sie beim Abschlag nie in Richtung unspielbares Gelände, darauf vertrauend, dass ein Draw oder Fade den Ball zurück auf die Bahn bringt. Sie sollten niemals für einen Geradeausschlag bestraft werden.

Den Driver auspacken oder einpacken?

Immer wieder lässt sich beobachten, dass Amateure den Driver einsetzen, wo das Platzdesign dies eigentlich verbietet. Natürlich gibt es Situationen, in denen man das Risiko eingehen kann und muss – Sie spielen etwa bei starkem Rückenwind oder Ihr Gegner ist »dormie«. Das Risiko muss sich lohnen. Sie tun fast immer gut daran, wenn Sie sich auf der sicheren Seite bewegen. Ich meine damit Folgendes: Wenn Sie wissen, dass das Wasser 200 Meter vom Tee entfernt ist, wählen Sie Ihren Schläger so, dass ein solide getroffener Ball vor dem Hindernis liegen bleibt. Oder: Wenn Sie in der Lage sind, sagen wir aus 100 Metern sicher an die Fahne zu spielen, dann muss der Schläger für den Abschlag so ausfallen, dass genau diese Entfernung zum Grün bleibt. Sie sollten dem Platz Ihre Bedingungen diktieren, nicht umgekehrt. Das ist Platzstrategie.

Ich bin bekannt dafür, dass ich schon einmal hohes Risiko eingehe, vor allem wenn ich alles zu gewinnen und nur wenig zu verlieren habe. In der Finalrunde des AT&T Pebble Beach National Pro-Am 1997 hatte ich mich bis auf zwei Schläge an den Führenden, meinen Freund Mark O'Meara, herangekämpft. Nur noch das 18. Loch war zu spielen. Und obwohl mein Abschlag auf diesem Par 5 gigantisch war, blieben mir noch 250 Meter bis zum Grün, und der Wind stand nicht gerade günstig. Zu keiner Zeit dachte ich jetzt an einen Sicherheitsschlag. Ich wusste genau, dass mir nur ein Eagle die Chance auf ein Play-off ließ, also musste ich angreifen. Und tatsächlich erreichte mein Schlag mit dem Driver vom Fairway das Grün. Obwohl ich den anschließenden Putt nicht einlochen konnte und damit nur Zweiter hinter Mark wurde, fühlte ich mich richtig gut, weil ich so kompromisslos angegriffen hatte. Bei einer anderen Ausgangslage, sagen wir bei Gleichstand oder ich mit einem Schlag in Führung, wäre ich nicht das hohe Risiko eingegangen, mit dem zweiten Schlag vielleicht im Ozean zu landen.

Mein Spiel im Griff zu haben bedeutet, genau zu wissen, wann ich auf den Driver vom Tee verzichte; denn bei einem kurzen Par 4 könnte es bei einem gut getroffenen Abschlag in Grünnähe durchaus kritisch werden, da lauern Bunker oder Wasser. Im Zweifelsfall greife ich zum Eisen 2. Für andere Spieler mag ein Holz 4 oder 5 die richtige Wahl sein. Der größere Loft erzeugt mehr Back- als Sidespin und lässt sich von daher leichter kontrollieren. Mit einem kürzeren Schläger hält sich der Schaden auch eher in Grenzen, wenn ich den Abschlag verzogen haben sollte.

Das Spiel auf der Runde

Die Kontrolle behalten

Platzstrategie beschäftigt sich immer auch mit der Frage, wann angreifen und wann nicht. Wenn ich weiß, dass sich das Risiko nicht lohnt, schlage ich anstelle des Drivers mit einem Holz 3 oder einem langen Eisen ab.

Seinen natürlichen Rhythmus finden

Wenn ich wirklich »gut drauf« bin, rückt die Platzstrategie in die zweite Reihe. Ich weiß dann geradezu instinktiv, welchen Schlag ich spielen muss. Wenn die Gefahren hinter dem Grün lauern, können Sie sicher sein, dass meine schlechten Schläge niemals zu lang sein werden. Birgt die linke Seite Gefahr, sind alle meine Schläge so angelegt, dass sie diese Ecke meiden. Und so richtig nachdenken muss ich über solche Strategien nicht. Ich nenne das »seinen natürlichen Rhythmus finden«. Jeder Golfer hat übrigens einen solchen und sollte ihn beim Einschlagen vor der Runde zum Leben erwecken.

Dabei habe ich einmal mehr Jack Nicklaus zum Vorbild. Ich benutze immer dieselben sechs Schläger und arbeite mich dabei vom Sand Wedge bis zum Driver hoch. Der letzte Schläger, den ich schlage, ist jener, den ich dann am 1. Abschlag einsetze. Beim Einschlagen achte ich nicht mehr auf meine Schwungtechnik. Habe ich diese nicht vorher erarbeitet, werde ich sie mit Sicherheit nicht während der folgenden halben Stunde bekommen. Jetzt geht es mir ausschließlich um meinen Rhythmus. Wenn ich loslege, möchte ich alle Bewegungen im Einklang wissen. Finde ich meinen Rhythmus nicht, kann ich nicht den richtigen Schalter betätigen, und das gesamte Spiel wird problematisch. Wie ich dieses Problem dann in den Griff bekomme, entscheidet ganz maßgeblich darüber, »dabei« zu sein oder unter »ferner liefen« zu rangieren. Glücklicherweise gelingt mir öfter der Griff zum richtigen Schalter. Das sollten Sie eigentlich auch können oder zumindest versuchen.

Die Kontrolle behalten

TIGERS TIPP NR. 6

Selbstkontrolle

Während des Spiels läuft manchmal jede Situation wie in Zeitlupe ab; und manchmal geschehen im Bruchteil einer Sekunde Dinge, die einen geradezu dramatischen Einfluss auf die Ausführung eines Schlags oder sogar auf den Ausgang eines Turniers haben. Genau zu wissen, wann man sich anstacheln oder eher beruhigen muss, sind solche. Zwei Beispiele: Ich muss einen langen Drive schlagen, bin aber im Augenblick eher von Lethargie »befallen«. Für diese Situation habe ich gelernt, sofort Adrenalin auszuschütten. Auf der anderen Seite kann ich mich aus übergroßer Aufgeregtheit befreien und mir gezielt Ruhe verordnen. Niemand anderes als nur Sie selbst können das erreichen. Die Kontrolle über die eigenen geistigen, körperlichen und emotionalen Qualitäten ist hier gefragt.

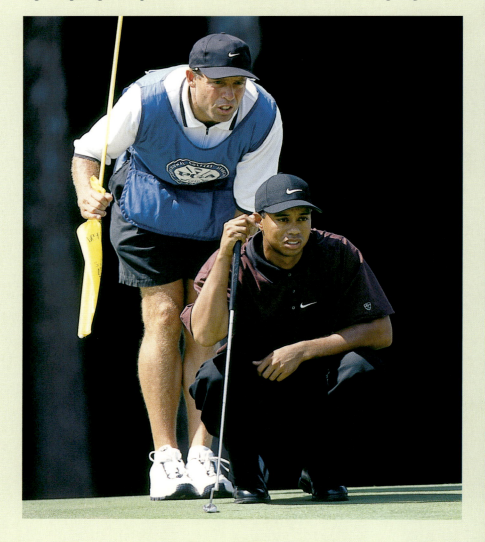
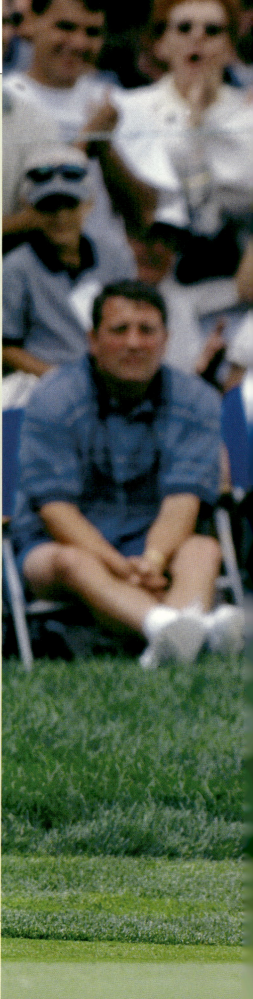

Das Spiel auf der Runde

Manchmal muss ich gegen negative Energie so ankämpfen, wie ich das auch immer wieder nach einem schlechten Golfschwung tue.

·10·
DEN KOPF BEHERRSCHEN

DIE PSYCHOLOGIE DES SIEGENS

Zum Golf gehört es, günstige Gelegenheiten zu nutzen und die Fehlerquote zu minimieren. Zu einem großen Teil ist bei dem Spiel ein kluger Kopf im Vorteil. Ich glaube, dass meine Kreativität zu meinen stärksten Waffen zählt. Am ehesten lässt sich das so beschreiben, dass ich Spielsituationen besser visualisieren kann als andere. Ich kann mir genau vorstellen, wie ein bestimmter Schlag zu spielen ist. Ich bin zudem mit der körperlichen Fähigkeit gesegnet, exakt jenen Schlag auszuführen, den mir mein Geist diktiert. Warum sollte nicht auch Ihr kreativer Geist zu Ihrer stärksten Waffe werden? Während der Spielvorbereitung sollten Sie sich Situationen vorstellen, auf die Sie bei wechselnden Platzverhältnissen angemessen reagieren, und je nach der Situation entscheiden, ob Sie angreifen oder eher defensiv spielen. Die Golfpsychologie geht einen Schritt weiter als die Platzstrategie. Sie bezieht auch Bereiche ein wie Konzentrationsfähigkeit, Selbstvertrauen, Einschüchterung, den Kampf Mann gegen Mann, das Abwehren von inneren Dämonen, sofortiges Erinnern an zurückliegende Erfolge sowie die Fähigkeit, gemachte Fehler schnell auszublenden. Es ist wirklich ein Spiel im Spiel.

Meine sprichwörtliche Konzentrationsfähigkeit habe ich meinem Vater zu verdanken. Er wollte, dass ich praktisch jeder nur denkbaren Ablenkung widerstehen kann. Golf ist kein Spiel für schwache Nerven, und so setzte er alles daran, die meinen zu stärken. Zwei Regeln legte er für mich von Anfang an fest: Ich durfte auf der Runde nicht reden. Dafür schuf er harte Bedingungen. Mitten in meinem Rückschwung ließ er mit lautem Getöse seine Tasche fallen, und wenn ich puttete, versuchte er mit allen möglichen Tricks, mich aus der Ruhe zu bringen. Die zweite Regel: Widerspruch zwecklos. Alles hatte so, wie er wollte, zu geschehen – und es geschah so. Weil er sich offenbar nicht sicher war, ob ich durchhalten würde, verabredeten wir ein Code-Wort. Was das Wort »out« tatsächlich bedeutete, wusste niemand außer uns beiden. Ich weiß nicht wie und warum – vielleicht aus lauter Trotz – , aber »out« kam nicht über meine Lippen. Am schlimmsten für mich war das Schweigen. Wenn Blicke töten könnten, hätte mein Vater diese Aufbaujahre sicherlich nicht überlebt. Aber er stand zu seinen Methoden.

Manche Störungen lassen sich leichter ausblenden als andere. Ich kann heutzutage mit klickenden Kameras während meines Schwungs gut umgehen. Ich reagiere zwar immer noch verärgert, aber mein Ärger

Ich habe gelernt, dass es gut tut, alles aus sich herauszulassen, wenn ein emotional anstrengender Wettkampf beendet ist.

richtet sich mehr gegen den Störer als gegen die Störung. Berühmt zu sein hat eben seinen Preis. Ich weiß zwar immer noch nicht, *wie* ich willentlich in der Mitte meines Vorschwungs abbrechen kann, aber ich weiß, *wann* es sein muss. Aus heutiger Sicht bin ich meinem Vater dankbar für das, was er mir hierzu vermittelt hat. Aber noch immer gibt es Störmanöver, die mich beeinträchtigen. Sie dürfen aber nicht das gesamte Spiel verderben. Ein Beispiel kann ich Ihnen von der PGA Championship 1999 in Medinah erzählen. Ich lag trotz einiger sehr schlechter Schwünge mit fünf Schlägen in Führung, wobei noch acht Löcher zu spielen waren. Zwei Bahnen später stand ich am Abschlag der 13, einem Par 3, und hatte zur Kenntnis zu nehmen, dass Sergio Garcia durch ein Birdie meinen Vorsprung auf drei Schläge verkürzte. Ich spürte, dass er in ausgezeichneter Spiellaune war, und musste mich auf mich selbst konzentrieren, etwas anderes blieb mir nicht übrig. Ich spielte an diesem Par 3 ein unglückliches Double Bogey, weil mein Abschlag im tiefen Rough knapp neben dem Grün gelandet war – nicht einmal 7 Meter von der Fahne entfernt. Als ich zum 14. Abschlag ging, fühlte ich etwas, das mir bisher noch nie widerfahren war. Die Zuschauer, die mich immer auf Händen getragen hatten, wechselten offensichtlich in Sergios Lager. Vielleicht wollten sie dem Schwächeren Beistand leisten oder waren auf ein enges Finish aus. Ich weiß nicht warum, aber ich konnte die negative Energie förmlich spüren. Als ich dann am 18. Loch einen 40-Zentimeter-Putt zum Sieg mit einem Schlag Vorsprung einlochte, konnte ich einen Seufzer der Erleichterung nicht zurückhalten. Ich hatte nicht nur der Herausforderung durch einen hervorragenden jungen Spieler widerstanden, und das bei einem Major-Turnier, sondern ich hatte auch eine schwierige psychologische Situation gemeistert. Anschließend war ich mental und emotional völlig ausgelaugt.

Selbstvertrauen ist leichter zu definieren als zu messen. Es schafft eine wesentliche Voraussetzung, auch unter härtesten Bedingungen eine Aufgabe zu bewältigen. Erfolg schafft Selbstvertrauen! Es ist so wie beim Putten. Wenn man »gut drauf« ist, ist das Loch so groß wie ein Eimer. Du kannst es kaum erwarten, ans nächste Grün zu kommen. Und mit jedem weiteren gelochten Putt nimmt das Selbstvertrauen zu.

Die Taktik, auf den Gegner Druck auszuüben, indem ich als Erster das Grün anspiele, bescherte mir den ersten Sieg als Pro.

Bausteine für mentale Stärke

Jeder Spieler kann mental stärker werden, wenn er aus seiner Erfahrung Nutzen zieht. Der Kopf ist wie ein Computer mit Tausenden Megabytes an Erinnerungen. Speichern Sie alle Erfahrungen, Ihr Spiel lebt davon, denn Golf ist ein nicht endender Lernprozess. Lernen Sie aus Ihren Fehlern genauso wie aus Ihren Erfolgen. Fragen Sie sich, was Sie in dieser oder jener Situation richtig oder falsch gemacht haben. Oftmals werden Sie zugeben müssen, dass es immer wieder die gleichen Dinge sind.

■ Lernen Sie aus den positiven und negativen Erfahrungen. Der Gewinn von drei US Junior- und drei US Amateur-Titeln jeweils in Folge beweist, wie wichtig meine Niemals-aufgeben-Einstellung ist. Dass ich bisher nur wenige Male verloren habe, hat mich in dieser Haltung nur noch bestärkt.

■ Ihre Fehler sind Ihre Fehler. Übernehmen Sie die Verantwortung für jeden Schlag. Als ich 2001 in Dubai am letzten Loch meinen Abschlag »in die Pampa« gehauen habe, konnte ich niemanden anderen für dieses Desaster verantwortlich machen. Ich habe so gespielt, also habe ich auch die Konsequenzen zu tragen. Das ist nicht immer einfach, aber es ist fair.

■ Ein Fehler sollte immer nur einmal gemacht werden. Am heiklen 12. Loch im Augusta National (Par 3) habe ich jedoch auch zweimal versagt – während der Masters 1999 und 2000 – und ins Wasser geschlagen. Nie mehr werde ich hier zu kurz bleiben. An beiden Fehlschlägen war zwar der Wind maßgeblich beteiligt, aber das darf keine Ausrede sein, denn mit Wind muss hier immer gerechnet werden.

■ Scheuen Sie sich nicht, Negatives in Positives umzumünzen. Jemand hat mir einmal vorgehalten, ich würde

Das Spiel auf der Runde

mir absichtlich ein Problem schaffen, um mich aus misslicher Lage mit einem von allen beklatschten »recoveryshot« zu befreien. Niemals würde ich mich aber gezielt in Schwierigkeiten bringen; doch wenn es dann so ist, sehe ich durchaus die Möglichkeit, etwas Positives daraus zu machen. Es baute mich gewaltig auf, als es mir am 8. Loch anlässlich des Masters 2001 gelang, einen hohen Flop aus Bergablage zum Birdie an die Fahne zu legen. Es war also mein Part, aus einer schlechten Ausgangsposition das Bestmögliche zu machen.

■ Niemals darf Ihre Selbstkritik selbstzerstörerische Formen annehmen. Die Außenwelt geht mit Ihnen kritisch genug um, da können Sie sicher sein. Ich gehe immer wieder sehr hart mit mir selbst ins Gericht, aber mein Selbstvertrauen darf dadurch keinesfalls einen Knacks bekommen. Auch andere lasse ich in solchen Problemphasen kaum an mich heran. Harte Bandagen wurden gegen mich ausgepackt, weil ich in der Saison 2001 von sechs Turnieren keines gewonnen habe. Dann kam der Masters-Gewinn und machte deutlich, wie die Dinge im Golf nun einmal laufen und was mentale Stärke bewirken kann.

Schnell läuft dann alles wie von allein, geleitet nur noch von Instinkt und Gefühl. Da bewegt man sich dann sehr nahe im oberen Grenzbereich seines Spiels. Manchmal denken wir beim Golf einfach zu viel, anstatt darauf zu vertrauen, was die innere Stimme rät. Zu viel Denken kann durchaus zu einem schlechten Schwung oder schweren Fehler verleiten und das Selbstvertrauen zerstören. Ich weiß genau, worüber ich rede. An meinem stets aggressiven Putten wurde das deutlich. Als Kind habe ich Putts viele Male eineinhalb Meter über das Loch hinaus geschlagen und dann den Rückputt eingelocht, ohne mir auch nur eine Sekunde den Kopf darüber zu zerbrechen. Erst als ich angefangen habe, über die Konsequenzen eines 3-Putts nachzudenken, wurde das Einlochen gelegentlich zum Problem, und oft genug entwickelten sich daraus echte Zitterpartien.

Ein weites Feld ist auch die Einschüchterung in all ihren Ausdrucksformen. Wie kann ich einen Gegner einschüchtern, zu dem kein physischer Kontakt besteht? Wenn einem etwa beim American Football ein Zweimeterkerl von 120 Kilogramm bedrohlich nahe kommt und man selbst nur 90 Kilo wiegt, erzeugt das körperliche Angst. Im Golf dagegen kann es nur eine mentale Überlegenheit geben und nicht die Angst vor einem Kraftpaket. Wenn Ihnen einmal klar geworden ist, dass ausschließlich Sie für Ihr Geschick verantwortlich sind, warum sollten Sie es dann zulassen, dass Ihnen ein anderer seinen Willen aufdrückt oder Sie einschüchtert. Auch das habe ich sehr früh in meiner Karriere gelernt. Als Senkrechtstarter mit 11 Jahren durfte ich die World Juniors in Torrey Pines bei San Diego spielen. Ich hatte bereits einige Erfahrung im Kampf gegen ältere Buben und hatte eigentlich vor nichts Angst. Mein Erstrundengegner allerdings war fast zwei Meter groß, wog sicherlich 90 Kilogramm und war mit Bärenkräften ausgestattet. Sein erster Abschlag zischte weg wie eine Rakete und landete genau in Grünmitte des Par 4. Ich bin fast ausgeflippt. Ich war dermaßen eingeschüchtert, dass ich kaum atmen konnte. Ich war während der gesamten Woche nicht mehr ich selbst. Mit meinem Vater habe ich kaum noch gesprochen. Auf dem Heimweg gestand ich ihm, wie sehr ich eingeschüchtert worden war. »Von wem?« fragte er. »Von dem Riesen«, antwortete ich und musste dabei schlucken.

Den Kopf beherrschen

»Schau her«, sagte mein Vater, »Golf wird nicht mit Gewicht und Größe gespielt, sondern ausschlaggebend sind Dein Können, Deine Intelligenz und eben auch Deine Unerschrockenheit.« Das war alles, was er dazu anzumerken hatte, und er ließ mich mit dem Verdauen des Gesagten allein. Ich wusste damals nicht, ob ich auch einmal groß und stark werden würde, aber eines wusste ich sehr genau: Nichts und niemand würden mich je wieder einschüchtern können.

Ich lernte frühzeitig, dass Kampfgeist und Talent körperliche Mängel durchaus kompensieren können.

Der Kampf Mann gegen Mann ist im Golf gegenüber anderen Sportarten von etwas ausgeklügelterer Natur. Baseball-Star Babe Ruth hat immer schon vorher auf den Außenbereich gezeigt, wohin er den Ball gleich schlagen würde. Hall-of-Fame-Spieler Jim Brown schleppte sich am Ende jedes »runs« so daher, als würde er gleich seinen letzten Atemzug tun. Wie unabsichtlich trat er auf einen der Gegner, um dann aber für alle überraschend explosionsartig in den nächsten »run« zu starten. Gezielt provokativ brüllten die Basketball-Superstars Michael Jordan und Larry Bird auf ihre Gegner ein. Sie nutzten aus, was in diesem Spiel akzeptiert wird, nämlich frech zu sein und andere bewusst zu ärgern. Nach dem Motto: Wer es schafft, in des Gegners Kopf zu kommen, bringt ihn aus dem Spiel. Und das genau kann entscheidend sein, wenn es im Wettkampf eng wird.

Ich hatte es schon mit Gegnern zu tun, die es mit den unterschiedlichsten Verhaltensweisen gegen mich versuchten. Nach einem gelochten Putt sahen sie mich mit einem eiskalten, überlegenen Blick an. Oder sie schlugen mit einem bestimmten Schläger auf einem Par 3 ab und sagten dann zu ihrem Caddie: »Ein anderer Schläger wäre besser gewesen.« Ich liebe solche Verwirrspielchen. Das macht im Golf den Spaß aus. Hier sind meine fünf Tricks:

- Schlagen Sie einen Superdrive und tun Sie so, als hätten Sie den Ball eher schlecht getroffen.
- Wenn Sie mit Ihrem Abschlag länger waren als Ihr Gegner, gehen Sie zuerst zu seinem Ball und tun Sie einen Moment so, als wäre er der Ihre.
- Schenken Sie über mehrere Löcher immer die kurzen Putts und lassen dann unerwartet einen sehr kurzen Putt einlochen.
- Lassen Sie immer auch die ganz kurzen Putts einlochen und schenken Sie dann einen nicht ganz leichten 60-Zentimeter-Putt.
- Wenn Sie Ihren Gegner an einem bestimmten Loch ausgedrived haben, er also vor ihnen seine Annäherung spielt, machen Sie mit einem bestimmten Schläger schon Probeschwünge. Durch Ihre Schlägerwahl verwirrt, greift er dann womöglich selber zum falschen Gerät.

Spieler wie Freddie Couples oder Ernie Els spielen mit einem solchen Dauer-Poker-Gesicht, dass man nie weiß, was in ihnen vorgeht. Andere wie ich zeigen ihre Emotionen. Uns alle verbindet jener Kampfgeist, der uns zur Höchstform treibt und verständlich macht, dass oftmals das Beste nicht gut genug ist. Tatsächlich nämlich verfehlen wir unser Ziel öfter als wir es erreichen. Gelegentliches Versagen darf uns aber nicht beeinträchtigen, das würde das Selbstvertrauen zerstören und die Psyche »ankratzen«. Sehr schnell würden die inneren Dämonen die Oberhand gewinnen. Kein Schwung oder Putt könnte dann ohne Selbstzweifel ablaufen – sogar die Farbe der Socken macht Ihnen dann Probleme.

Das Spiel auf der Runde

Ich liebe die Kopf-an-Kopf-Wettkämpfe, wie sie im Lochwettspiel an der Tagesordnung sind. Manchmal ist deutlich zu spüren, wie sich die Köpfe an der Auseinandersetzung beteiligen, ein anderes Mal ist davon fast nichts zu bemerken.

Das Spiel auf der Runde

Zum Glück blieben mir solche Erfahrungen bisher erspart. Die Gründe, mich nicht mit den Dämonen in mir einzulassen, sind folgende: Ich mache mich nicht zum Sklaven der Angst – real existierend oder eingebildet. Ich spreche jetzt nicht von Nervosität. Ich bin genauso nervös wie jeder andere auch, wenn ich am Abschlag stehe. Jeder Wettkämpfer hat dieses beklemmende Gefühl. Worum es hier geht, ist wirkliche, nackte Angst, die bewusst oder unbewusst von uns Besitz ergreifen kann. Ich bin dagegen immun. Aber es soll Spieler geben, die tatsächlich Angst haben zu gewinnen. Man stelle sich so etwas vor. Als ich Pro wurde, war gerade das Gewinnen-Wollen meine Motivation. Zweiter zu werden hat für mich wenig Reiz. Ich glaube, dass eigentlich alle Champions so denken. Um nämlich wirklich in allen Situationen bestehen zu können, ist Furchtlosigkeit eine Grundvoraussetzung. Könnte diese Einstellung nicht auch ein Ziel für Ihr Spiel sein?

Ein zweiter Grund: Ich will dem Druck nicht ausweichen. Manche Spieler brechen förmlich zusammen, wenn es ums Ganze geht; wahre Kämpfer fühlen sich dann erst richtig wohl. Natürlich wird dabei das Nervenkostüm ganz schön strapaziert, aber das ist es ja gerade, was den Wettkampf so attraktiv macht. Haben Sie sich schon einmal gefragt, warum Michael Jordan oder Jack Nicklaus im entscheidenden Augenblick so erfolgreich waren? Ganz einfach. Sie liebten das Rampenlicht und wollten mit ihrem Erfolg eine weitere Sprosse auf dem Weg zum Ruhm erklimmen. Geben Sie »M« den Ball zum alles entscheidenden Wurf oder Jack einen Muss-Putt und schauen Sie zu, was sie daraus machen. Beide sind Winner-Typen im Umgang mit Druck: Sie bewahren ihren natürlichen Rhythmus und die Routine und konzentrieren sich nur auf den Augenblick. »M« würde vor dem alles entscheidenden Strafwurf den Ball ganz bestimmte Male vor der Straflinie auftippen, ihn in den Händen drehen und dann feuern. Oder er würde, wenn es um einen Zweikampf ginge, seine Gegner ins Leere laufen lassen und so lange den Korb nicht aus den Augen verlieren, bis der Ball »drin« ist. Niemand konnte sich besser auf die vor ihm liegende Aufgabe konzentrieren als Jack Nicklaus. Wenn Sie wirklichen Erfolg im Sport anstreben oder alles, was in Ihnen steckt, aus sich herausholen wollen, dann müssen Sie Angst überwinden und Druck abschütteln.

Den Kopf beherrschen

TIGERS TIPP NR. 7

Das Spiel auf der Runde

Zur Taktik im Lochwettspiel

Golf ist nicht zuletzt ein Spiel der Taktik. Es gehört viel Erfahrung dazu, im entscheidenden Moment etwas zu tun oder es zu unterlassen. Taktik ist gefragt, wenn sich ein Zählspiel im Laufe eines Turniers zum Lochwettspiel wandelt. Da zeigt sich dann, was man in der Vergangenheit aus seinen Fehlern und Erfolgen gelernt hat. So weiß ich, wann ich eine Attacke starten muss. Ich lasse meinen Abschlag bewusst kürzer, sodass ich vor meinem Gegner den Annäherungsschlag ausführen kann, was ihn erheblich unter Druck setzt. Zum ersten Mal in einem Professional Turnier befolgte ich diese Taktik beim Las Vegas Invitational 1996 im Play-off gegen Davis Love III. Davis bombte seinen Abschlag am ersten Entscheidungsloch mitten ins Fairway in eine perfekte Position. Ich nahm nur ein Holz 3, konnte damit den Ball sicher im Spiel halten und war in jedem Fall kürzer als er. Obwohl meine Annäherung etwa 6 Meter rechts von der Fahne lag, machte das Druck, denn er wollte natürlich näher an den Stock. Die Folge: Er pullte seinen Schlag in den linken Grünbunker und spielte Bogey. Ich hatte mit einem 2-Putt mein erstes Pro-Turnier gewonnen. Das Wissen, wann man angreifen oder eher defensiv spielen muss, kommt mit der Erfahrung und dem Gefühl für die jeweilige Spielsituation.

Vor jedem entscheidenden Schlag entspanne ich mich durch bewusst tiefes Atmen.

Den Kopf beherrschen

*Es gibt kein schöneres Gefühl, als wenn ein Schlag
genau so ausfällt, wie man ihn geplant hat. Für die
Konstanz sorgen mutiges Hineingehen in den Schlag
und ein unerschütterliches Vertrauen in den Schwung.
Eines ohne das andere führt zum Desaster.*

Schnell vergessen

Ich habe eine Vielzahl von Schrottschlägen in meinem Golfleben fabriziert, daran wird sich auch in Zukunft nichts ändern. Ich weiß aber inzwischen, dass ein schlechter Schlag eben nur ein schlechter Schlag ist. Und ich weiß auch, dass darauf wieder ein guter oder sogar ein besonders guter Schlag folgen wird. Um es auf den Punkt zu bringen: Einen schlechten Schlag sollten Sie sofort vergessen. Er lässt sich sowieso nicht wiederholen, also vergiss es. Ähnliches gilt für meine gelegentlichen emotionalen Ausbrüche. Ich lasse dabei Dampf ab, und anschließend geht es mir wieder gut. Was ich dabei sage, ist ausschließlich gegen mich selbst gerichtet, wird aber leider oft falsch interpretiert. Sollte sich jemand angegriffen gefühlt haben, so möchte ich mich auf diesem Wege bei ihm ausdrücklich entschuldigen. Ich wünschte, ich könnte mich ohne größeres Aufsehen abreagieren. Ich arbeite daran.

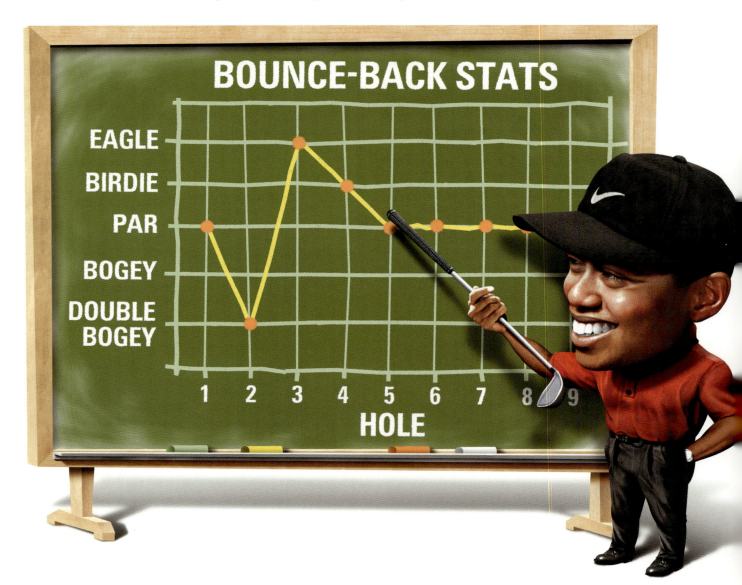

Das Spiel auf der Runde

Die Macht des positiven Denkens

Meine Mama erkennt auch in schwärzester Situation noch den berühmten Silberstreif am Horizont. Von ihr habe ich mein positives Wesen geerbt und von meinem Vater das Kämpferherz. Beides sorgt für einen unerschütterlichen Glauben an mich selbst und die Fähigkeit, alles so zu nehmen, wie es kommt, ob gut oder schlecht. Negatives Denken führt zwangsläufig zu Misserfolgen. Wer glaubt, etwas nicht erreichen zu können, wird es wohl auch nicht schaffen. Andererseits kann die Macht des positiven Denkens eine wirklich schwierige Situation in eine plötzlich günstige umdrehen.

Die Finalrunde des Bay Hill Invitational 2001 ist ein gutes Beispiel dafür. Ich startete in die Finalrunde mit einem Schlag Vorsprung, aber mein Schwung wollte nicht so wie ich, sodass ich drei Löcher vor Schluss einen Schlag hinter Phil Mickelson lag. Am 16. Loch, einem Par 5, gelang mir trotz eines erneut miserablen Abschlags ein Birdie, und an dem Par 3 des 17. lippte der Ball beim Birdie-Versuch aus. Am 18. Loch, einem schweren Par 4, schlug ich nochmals so schlecht ab, dass ich einen Zuschauer traf – glücklicherweise blieb er unverletzt –, der Ball aber von diesem aufgehalten wurde, ansonsten wäre er im Aus gelandet. Ich hatte jetzt noch etwa 175 Meter zur Fahne. Die war hinten rechts gesteckt und das Grün durch Wasser wirkungsvoll verteidigt. Ich hatte, obwohl mir an diesem Tag nicht allzu viel gelungen war, volles Vertrauen zu mir und in meinen Schwung. Der Ball landete, als Fade gespielt, 5 Meter neben dem Stock, ich lochte ein und gewann mit einem Schlag Vorsprung. Niemals werde ich zulassen, dass negative Gedanken mein Spiel diktieren, und niemals werde ich aufgeben. Manchmal wird man fast zum Helden, dann wiederum erwischt es einen eiskalt. Wirklich an sich zu glauben nimmt der zweiten Möglichkeit viel von ihrem Schrecken.

TIGERS ERFOLGSGESCHICHTE
Der Wille zum Sieg

Ich werde immer wieder gefragt, wie ich unter Druck so ruhig und konzentriert bleiben könne. Das ist ganz einfach. Ich mache mir immer wieder bewusst, dass das Einzige, was ich wirklich beeinflussen kann, mein eigenes Spiel ist. Das ist quasi mein Schutzschild, wenn ich mich von allem verlassen fühle. Ich reagiere bewusst nicht auf das Spiel meiner Gegner

Das Spiel auf der Runde

und bleibe – wie alle wirklich guten Spieler auch – nur auf mich selbst konzentriert. Manchmal gewinnt man Turniere, gelegentlich wird einem der Sieg auch geschenkt. Das A und O ist, sich selbst immer wieder auf Sieg zu programmieren. Das ist der einzige Weg, sich an den Druck zu gewöhnen und richtig damit umzugehen, wenn etwa ein Putt unter allen Umständen fallen muss. Wer sich kontrollieren kann, hat auch die gesamte Situation im Griff. Wenn ich auf Gegenspieler Druck ausübe, kann ich mein Spiel besser kontrollieren als sie das ihre. Das versuche ich von Schlag zu Schlag und von einer Situation zur nächsten.

Es gibt für mich kein befriedigenderes Gefühl als zu wissen, was ich tun muss, um zu gewinnen. Anschließend kann ich meinen Gefühlen freien Lauf lassen wie hier in Bay Hill 2001.

Den Kopf beherrschen

WEITERE GEDANKEN

*Um wirklich gutes Golf
zu spielen, ist mehr nötig, als
solide Grundlagen
und Technik zu besitzen. Es umfasst
einfach alle Aspekte des Spiels.*

·11·
KÖRPERLICH STARK WERDEN

DIE FITNESS BRINGT'S

Als ich im Sommer 1996 Pro wurde, wog ich mit Golfbekleidung 73 Kilogramm, nicht eben viel für meine 1,89 Meter. Ich musste also gewaltig zulegen, um den Anstrengungen des Professional Golfs gewachsen zu sein. Ich wollte auch neue Schläge in mein Repertoire aufnehmen, für die ich Kraft brauchte. Mein Körper war jedoch noch nicht voll entwickelt, und darunter würde mein Schwung leiden. Das wurde besonders bei den kurzen Eisen deutlich. Gerade schlug ich ein Eisen 9 135 Meter weit, im nächsten Moment 155 Meter. Als ich das Masters spielte, hatte ich anfangs immer Probleme, mit dem Sand Wedge das Grün zu erreichen. Ich habe es entweder überschlagen, oder der Ball kam – weil zu viel Backspin – mir vom Grün wieder entgegen. Ich war richtig verbittert, als ich 1995 zum ersten Mal antrat. Am 9. Loch schlug ich jedes Mal einen wirklich guten Drive und musste dann zweimal mit ansehen, wie mir bei der Annäherung der Ball zurück vor die Füße rollte, weil ich ihn auf dem hoch gelegenen Grün nicht zum Halten bringen konnte. Ein Pitching Wedge wäre damals die bessere Wahl gewesen, denn ich hatte noch nicht die notwendige Kraft in den Armen für einen perfekt gespielten Sand Wedge.

Einer der ersten Schritte als Pro war die Umstellung meiner Ernährung, um mehr Gewicht zu bekommen und den Körperfettanteil zu verringern. Ich entwickelte ein Fitnessprogramm, das jeden Muskel erfasste. Ich wollte mit Kraft fordernden Schwüngen keine Probleme haben und auch die Spezialschläge spielen können. Wenn ich an die Grenzen meiner körperlichen Möglichkeiten gehen musste, wollte ich weder die Kontrolle noch die Balance verlieren. Für all das musste ich meinen Körper stärken.

Immer schon hatte körperliche Fitness für mich einen hohen Stellenwert. Jetzt nahm ich mit Stretching-Übungen, Krafttraining und Aerobic mein Trainingsprogramm auf. Es war ein Kraft- und Ausdauertraining zugleich. Ich weiß nicht, welchem Stretching-Programm sich Sam Snead verschrieben hatte, aber von ihm heißt es, er sei einer der beweglichsten Spieler überhaupt gewesen. Mancher wird gestaunt haben, wenn er den Ball aus dem Loch holte, ohne dabei auch nur in geringster Weise in die Knie zu gehen. Der Mann war wie ein Gummimensch.

Ich bin sicher, dass diese Beweglichkeit ihm eine so lange Karriere im Profigeschäft bescherte. Normalerweise wird mit zunehmendem Alter der Rückschwung kürzer, da die Muskeln im Schulterbereich ihre Elastizität verlieren und Sie damit Ihre Fähigkeit, sich zu drehen. Sam ist der lebende Beweis dafür, dass gezielte Dehnübungen Alterserscheinungen minimieren können.

Den Wert einer guten Kondition lernte ich bereits in meiner Jugend während meiner Dauerläufe schätzen. Je schneller ich laufen konnte, umso eher hatte ich es hinter mir. Ich lief daher, so schnell ich konnte, meine sechs bis acht Kilometer. Bei schlechtem Wetter radelte ich auf meinem Hometrainer. Als ich das erste Mal auf diesem Fahrrad saß, schaffte ich nur wenige Minuten; ich hatte sehr schnell das Gefühl, dass mir meine Beine abfielen. Langsam verbesserte sich meine Kondition, und heute strample ich bei stärkster Einstellung eine ziemlich lange Zeit, ehe es mir zu viel wird. Langsam an die Dinge herangehen und Gewöhnungszeiten einkalkulieren, das sollte auch Ihr Motto beim Konditionstraining sein. Die Verletzungsgefahr bleibt damit gering, und die Muskeln profitieren auf diese Weise am meisten. Gönnen Sie Ihrem Körper nach jeder Trainingseinheit 10 bis 15 Minuten Pause.

Während dieser Entspannungsphase sollten Sie im Kopf völlig frei werden. Versuchen Sie bewusst an gar nichts zu denken. Sie werden staunen, wie erfrischt Sie sich anschließend fühlen. Das ist auch bei Wartezeiten während der Golfrunde eine effektive Übung. Den Kopf nur für wenige Minuten frei bekommen und Sie sind wieder Herr der Lage.

Laufen – 12 Empfehlungen

■ Bei Wärme trage ich leichte Kleidung und Schutzkleidung, wenn es kalt ist.

■ Ich trage bequeme Laufschuhe, die ich ersetze, bevor sie »ausgelatscht« sind.

■ Bei Kälte setze ich eine Wollmütze auf.

■ Stretching als Warm-up, bevor ich loslaufe.

■ Ich laufe nie während der größten Hitze des Tages.

■ Ich laufe niemals mit vollem Magen.

■ Ich trinke viel Wasser, bevor ich starte.

■ Ich halte immer die gleiche Geschwindigkeit.

■ Meine Laufstrecke geht bergauf und bergab.

■ Ich mache 10 bis 15 Minuten Pause, bevor ich mein Trainingsprogramm fortsetze.

■ Nach dem Laufen trinke ich sehr viel.

■ Stretching als Cool-down nach dem Laufen.

Sam Snead war mit 75 Jahren noch so beweglich, dass er an die Decke kicken konnte.

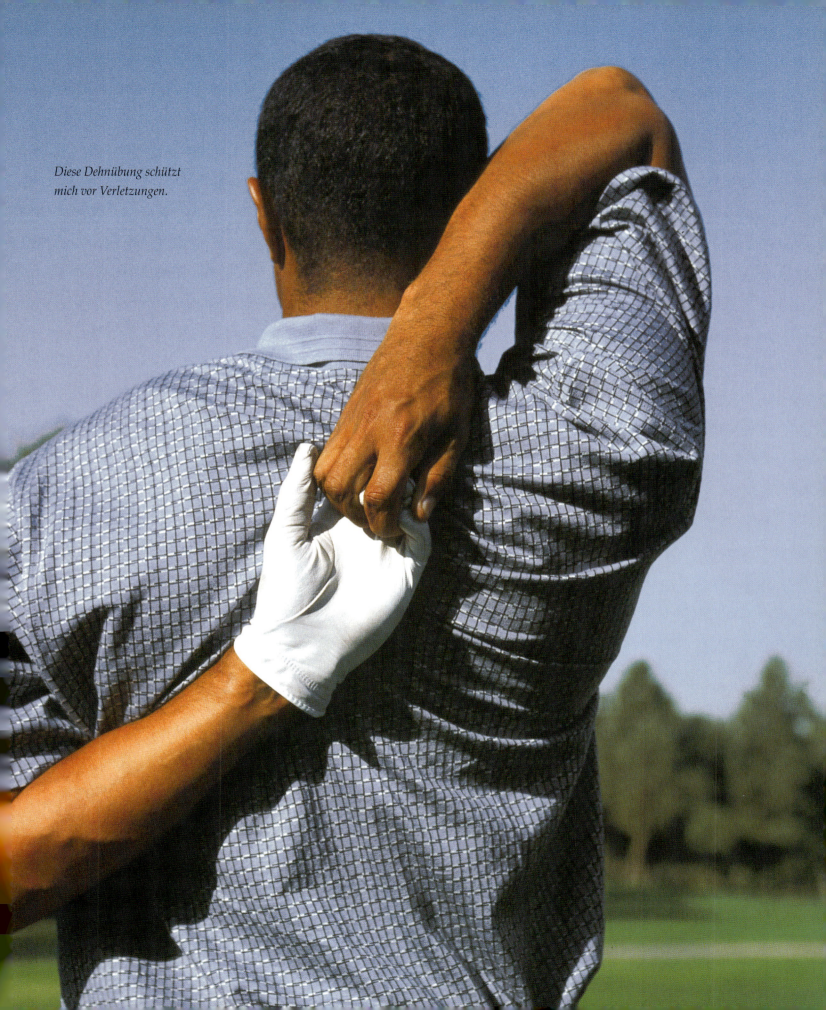

Diese Dehnübung schützt mich vor Verletzungen.

Stretching-Übungen für Golfer

Beginnen Sie alle Übungseinheiten grundsätzlich langsam. Wenn Sie Schmerzen spüren, schalten Sie einen Gang zurück. Bei generellen Gesundheitsproblemen sollten Sie Ihr Trainingsprogramm mit Ihrem Arzt absprechen.

Mein Fitnessprogramm hat mich besonders im Nacken- und Schulterbereich sehr beweglich gemacht. Können Sie das auch?

■ *Rücken und Becken:* Aus dem Stand nach vorn beugen und mit den Fingerspitzen den Boden berühren. Dabei die Knie möglichst gestreckt lassen, aber nicht erzwingen. Diese Position 20 Sekunden halten; so oft wiederholen, wie Sie wollen.
Aus der sitzenden Position nach vorn beugen und den Boden zwischen den Füßen berühren; 10 Sekunden halten, beliebig oft wiederholen.
Während des Aufwärmens hebe ich mit beiden Armen einen Schläger hoch über die Schultern, parallel zum Boden. Aus dieser Stellung drehe ich die Schultern langsam vor und zurück, um die Rückenmuskulatur zu dehnen und zu lockern.

■ *Hüften:* Auf den Rücken legen, die Beine sind zunächst gestreckt. Mit den Händen ein Knie umfassen und langsam bis zur Brust heranziehen; das andere Bein bleibt dabei gestreckt; 20 Sekunden halten. Seiten wechseln.

■ *Brust:* Im Stand die Hände hinter dem Rücken fassen und hoch heben, die Brust dabei kräftig nach vorn dehnen; 20 Sekunden halten; beliebig oft wiederholen.

■ *Schultern:* Im Stand hinter dem Rücken die Hände so fassen, dass die linke Hand von unter der Schulter nach oben und die rechte Hand von über der Schulter nach unten greift; 20 Sekunden halten. Seiten wechseln. Anfangs werden sich die Finger kaum berühren, aber nach geduldigem Stretchen werden Sie sich hinter dem Rücken die Hand geben können.

■ *Oberschenkelrückseite:* Im Sitzen die Beine ausstrecken und spreizen, so weit es geht; mit beiden Händen den linken Fuß umfassen; 20 Sekunden halten. Seiten wechseln.

■ *Hände und Finger:* Viele Spieler haben die Bedeutung beweglicher Hände überhaupt noch nicht erkannt. Schütteln Sie Ihre Hände einige Minuten lang in der Art, wie Schwimmer das vor dem Wettkampf tun. Das verhilft zu feinfühligen Händen – genau richtig für die Schläge rund ums Grün.

Ich setze mich am Abschlag niemals hin, es sei denn, ich muss wirklich lange warten. Aber ich bewege mich dann wie hier zu sehen.

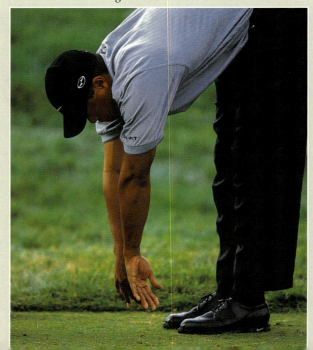

Körperliche Fitness bringt besonders dann Vorteile, wenn ich an einem Tag 36 Löcher spielen muss, etwa bei einem Lochwettspiel wie den US Amateurs oder dem Ryder Cup. Aber auch nach Schlechtwetter-Unterbrechungen sorgen meine gezielten Dehnübungen für eine gut vorbereitete Muskulatur, sie schützen mich gleichzeitig vor Verletzungen und halten auch meinen Geist wach. Ich kann immer dann zulegen, wenn es gefordert wird.
So geschehen bei dem NEC Invitational 2000 in Akron, Ohio – ein richtiger Marathon wegen des schlechten Wetters. Erst am späten Abend konnte das Turnier abgeschlossen werden, doch ich fühlte mich am Ende konditionell genauso frisch wie am Morgen beim Warm-up. Müdigkeit führt zu Konzentrationsmangel und dieser zu schlechten Entscheidungen. Ich möchte aber kein Turnier verlieren wegen einer falschen Entscheidung als Folge konditioneller Schwäche. In Akron blieb ich körperlich frisch und geistig wach, und deshalb konnte ich eine weitere Trophäe in Empfang nehmen

Als internationaler Spieler muss ich oftmals in 24 Stunden diverse Zeitzonen durchreisen. Ich bin überzeugt davon, dass

Bei Spielunterbrechungen und längeren Wartezeiten können die Muskeln ihre Elastizität verlieren. Meine Dehnübungen bewahren Sie davor. Wenn Ihre Nackenmuskulatur nicht mehr wirklich elastisch ist, können Sie die so entscheidende Schulterdrehung vergessen.

Weil ich auf allen Plätzen der Welt kämpfe, kommt meiner Fitness größte Bedeutung zu.

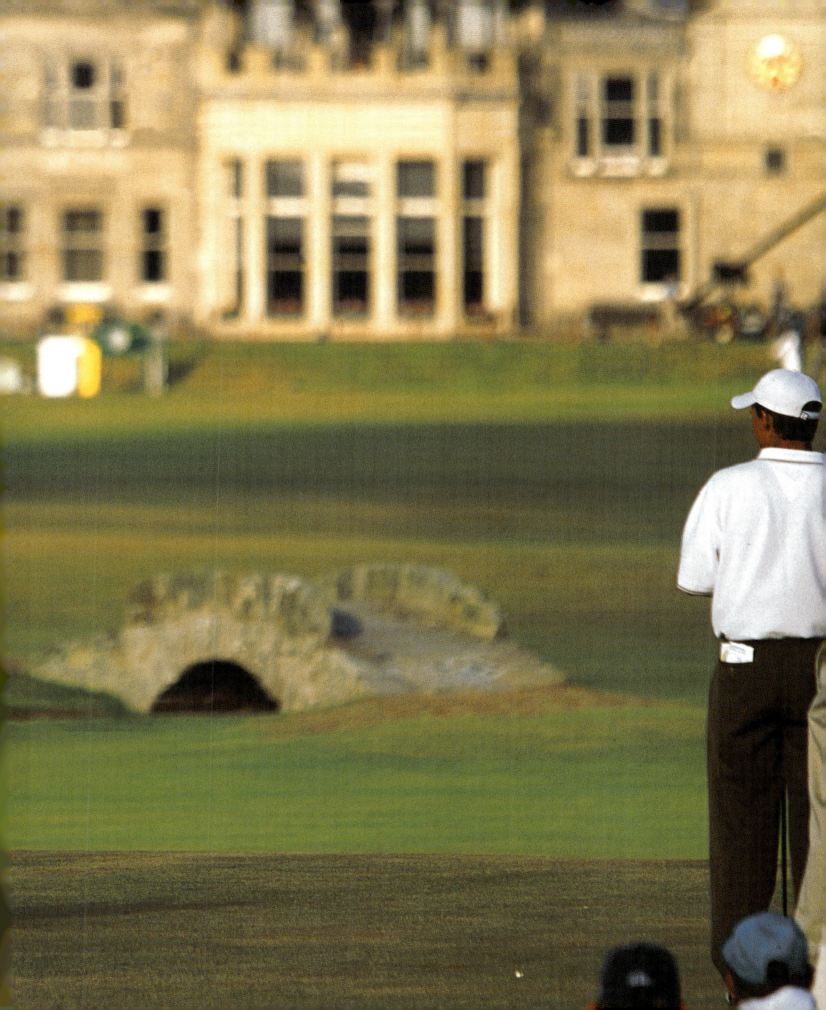

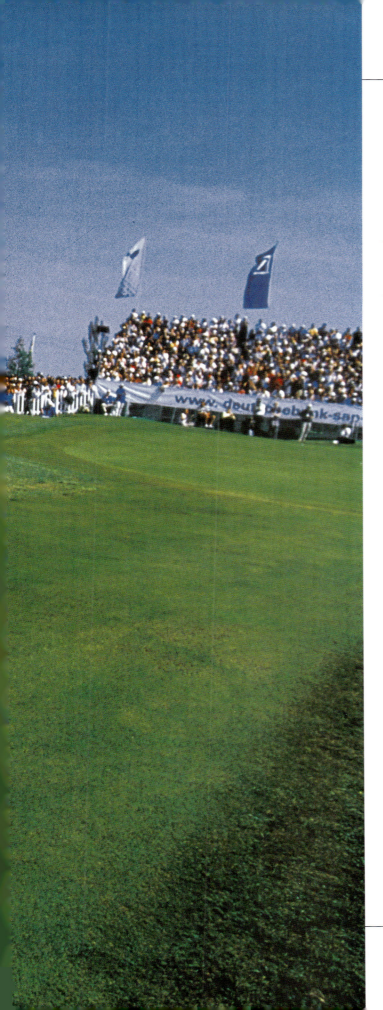

ich es vor allem meinem Aerobic-Programm zu verdanken habe, dass mein Körper sich immer rasch erholt, die diversen Jetlags praktisch klaglos übersteht und ich überall in bester Form antreten kann – heute in Bangkok und morgen in St. Andrews. Pflegen Sie Ihren Herz-Lungen-Kreislauf, auf Dauer tun Sie sich damit nur Gutes.

Krafttraining mit Hanteln oder an speziellen Kraftmaschinen ist dann genau richtig. Es ist für jeden Golfer unerlässlich, der sein Kraftpotenzial maximieren und Kontrolle über seinen Körper gewinnen will. Arm-, Brust-, Rücken-, Bauch- und Beckenmuskulatur – alles wird trainiert. Es ist gewaltig, was da heranwächst.

Jedes Training muss regelmäßig und nach Plan ablaufen. Diese Woche Hanteltraining und nächste Woche nicht, das ist keine gute Methode, wenn Sie einen gut trainierten Körper bekommen wollen und klare Ziele vor Augen haben. Drei- bis fünfmal pro Woche mache ich Krafttraining. Meine Aktivitäten richten sich allerdings nach den jeweiligen Startzeiten. Wenn ich früh starten muss, fällt das Krafttraining aus, ich konzentriere mich dann mehr auf mein restliches Trainingsprogramm. Alles ist darauf ausgerichtet, locker und mit meinem natürlichen Rhythmus in die Runde zu starten. Für jeden Körperteil setze ich unterschiedliche Gewichte ein und arbeite mit genau abgestimmter Intensität. Natürlich werden die Beine am meisten trainiert, denn sie sind der kräftigste Teil in meinem Körper.

Ich bin ein Freund des Hanteltrainings. Mit Hanteln bin ich unabhängig, kann unterschiedliche Positionen und Körperwinkel einnehmen, bin einfach wesentlich flexibler. Natürlich trainiere ich auch an Kraftmaschinen, aber eigentlich immer nur dann, wenn die Hanteln gerade nicht frei sind. Bevor ich aber die Gewichte in die Hand nehme, sind Aufwärm- und Lockerungsübungen angesagt; das Risiko, mir Verletzungen zuzuziehen, will ich so klein wie möglich halten. Die meisten Fitness-Trainer raten dazu, die einzelnen Muskelgruppen an unterschiedlichen Tagen zu trainieren: heute den Oberkörper, morgen den Unterkörper und die Beine und übermorgen wieder den Oberkörper. Abwechslung beugt der Gefahr von Eintönigkeit vor und wirkt sich

Kraftübungen für Golfer

Ihr Oberkörper ist Ihre Schwungmaschine, die bestens gewartet werden muss, um ein Maximum an Leistung zu bringen. Mein Oberkörper soll während des Turniers auf vollen Touren laufen. Hier einige Übungen, die auf die Stärkung der Muskulatur bestimmter Körperbereiche zugeschnitten sind.

- Latzugmaschine: für die obere Rückenmuskulatur.
- Rudergerät: für die Rotatoren-Manschette.
- Langhantel stemmen oder drücken: für die Schultern.
- Bankdrücken auf flacher oder schräg gestellter Bank, »Fliegende« (Kurzhanteldrücken): für die Brustmuskulatur. Die »Fliegenden« sind bei Bodybuildern sehr beliebt und auch für Sie kein Problem. Sie liegen flach auf der Bank und halten die Hanteln in den Händen, parallel zur Bank. Führen Sie die Hanteln seitwärts vom Körper weg und dann in einem Bogen von unten nach oben bis über die Brust. Die Ellenbogen sind leicht gebeugt – in keinem Fall dürfen sie durchgestreckt sein.
- Kabelzugstation (Pushdowns u. ä. Übungen): für den Trizeps.
- Bizepscurls, horizontal und vertikal: für die Unterarme.
- Basic- und Abdomentrainer-Crunches: für die Bauchmuskulatur.

Bemühen Sie sich auch beim Krafttraining um eine akkurate und gekonnte Ausführung jeder einzelnen Übung. Sie ist wichtig, um die angestrebte Muskelkraft zu gewinnen. Beginnen Sie Ihr Programm stets langsam und steigern Sie Schritt für Schritt die Intensität, vor allem übernehmen Sie sich nicht. Ganz wichtig: Treten Schmerzen auf, brechen Sie die Übung sofort ab. Atmen Sie bei der Durchführung der Übungen regelmäßig weiter. Wenn Sie bereits als junger Mensch Ihren Körper trainiert haben, können Sie beim Älterwerden noch davon zehren. Ein gesunder Körper und ein kraftvollerer Golfschwung ein ganzes Leben lang – das ist eine wahrlich schöne Belohnung für die Schinderei.

Ein Schläger mit Übergewicht

Muskelaufbau und Beweglichkeit haben meinen Allgemeinzustand verbessert und schützen mich vor Sportverletzungen. Genau diese Ziele möchte ich mit meinem regelmäßigen Fitness-Training erreichen. Jeweils ein bis zwei Stunden pro Tag und dies drei- bis fünfmal in der Woche absolviere ich das volle Programm, alles zeitlich abgestimmt auf meine anderen Verpflichtungen. Sehr empfehlen kann ich darüber hinaus die Arbeit mit einem extraschweren Golfschläger, mit dem ich natürlich keine Bälle schlage, der aber zum Aufwärmen geradezu ideal ist. Die genau für den Golfschwung wichtigen Muskeln des Oberkörpers werden auf diese Weise gestärkt. Aber nicht übertreiben – schwingen Sie langsam! Wenn Sie alles richtig machen, wird Ihr Golfschwung wesentlich an Fahrt zulegen.

- Zuerst mache ich Lockerungsübungen, um die Muskeln aufzuwärmen.
- Ich beginne jeden Schwung korrekt aus der Ansprechposition.
- Locker ist meine Devise, ich schwinge den Schläger langsam, um meine Muskeln nicht zu überdehnen.
- Ich schwinge den Schläger, nicht der Schläger mich. Bei zu viel Eigendynamik kann es gefährlich werden.
- Ich behalte die Körperposition bei, die Stellung der Wirbelsäule darf sich nicht verändern.

auf alle Aktivitäten motivierend aus. Sie können zum Beispiel auch heute ein leichtes Kreislauftraining und morgen ein knallhartes Krafttraining planen. Sie müssen selbst herausfinden, was Ihnen am meisten zusagt. Und wiederholen möchte ich: Seien Sie vorsichtig. Bevor Sie intensiv einsteigen, würde ich immer zu einem gründlichen medizinischen Check raten. Krafttraining geht nicht nur auf die Muskeln, auch das Herz und der Kreislauf müssen da mitmachen.

Für die Beine, die im Golf für eine solide Stabilität so wichtig sind, machen Sie Streck- und Pressübungen – auf einem Bein stehend und mit dem anderen in möglichst großem Radius drehende Bewegungen ausführen. Kniebeugen und Luftsprünge aus der Kniebeuge heraus sind wohl die effizientesten Übungen für eine kraftvolle Beinmuskulatur. Schon nach ganz wenigen Versuchen spüren Sie, dass praktisch die gesamte Unterkörpermuskulatur einbezogen wird, bei intensivem Springen sogar die Muskulatur des ganzen Körpers. Aber seien Sie vorsichtig: Bei Übertreibung besteht Verletzungsgefahr.

Für einen normal trainierten Menschen, der seinen Körper stählen will, empfehle ich jeweils zwei Durchgänge für jede Übung, jeder Durchgang mit 10 bis 12 Wiederholungen. Im zweiten Durchgang lege ich bei den Gewichten um 15 bis 20 Prozent zu, was die Anstrengung bei gleicher

Weitere Gedanken

Gezieltes Training meiner Oberkörpermuskulatur hat mich stark gemacht.

Ernährung: Meine Sieger-Diät

10-mal gewinnen

Reich an Nährstoffen, jedoch fettarm sind:

- Alle Gemüse und Früchte, die orangefarben sind – also Honigmelonen, Süßkartoffeln, Möhren und Kürbis
- Grüne Gemüse und Früchte
- Truthahn
- Getreidekörner
- Gekochter, gedämpfter, gedünsteter Fisch
- Gegrilltes Hähnchen (ohne Haut)
- Fettarme Milch
- Eiweiß
- Reis
- Fruchtsäfte

10-mal verlieren

Zu viel Kalorien und Fett haben:

- Pizza
- Speiseeis
- Käsekuchen
- Fleisch von der hohen Rippe
- Frittiertes Hähnchen
- Frittierter Fisch
- Fette Saucen
- Kartoffelchips
- Fette Wurst, Speck
- Soft Drinks

Übungsintensität ganz schön verstärkt. Vielleicht schaffen Sie nur 7 oder 8 Wiederholungen, weil Ihre Muskeln »brennen«; aber das ist ein Zeichen dafür, dass Sie mit Ihrem Training auf einem guten Weg sind.

Meine Essgewohnheiten zu ändern war eine harte Sache. Das hieß Abschied nehmen von fast foods (Cheeseburgers, Pommes frites, Erdbeer-Milchshakes) und faster foods (Pizza, Chicken Wings und Tacos) – alles passé. Auch Bier wurde gestrichen. Und wie gern habe ich, als ich älter geworden war, so ein, zwei Gläser mit meinen Freunden getrunken. Aber wenn ich ernsthaft an meiner Kondition arbeiten wollte, musste ich zielgerichtet Diät halten. Keine Fette, keine leeren Kalorien, praktisch nichts, was dick macht und gut schmeckt.

Lange Zeit wog ich so um die 80 Kilogramm, wobei der Fettanteil in mir etwa einem Bogey auf einem Par 4 entsprach. Heute weiß ich sehr genau, wie wichtig es ist, auf seine Linie

Eine gute Nährstoffversorgung und vor allem viel, viel Wasser trinken sind die Voraussetzung für meine Erfolge, ganz besonders bei Hitze und hoher Luftfeuchtigkeit.

zu achten, und ich setze bewusst auf eine gesunde Ernährung. Wann und was ich esse, ist für mich zu einer zentralen Frage geworden. Positive Auswirkungen sind schon erkennbar. Noch nie in meinem Leben habe ich mich so gesund gefühlt wie jetzt.

Doch jeder Körper reagiert anders. Was für mich gut ist, mag noch lange nicht auf Sie passen. Zweifelsfrei gibt es aber Nahrungsmittel, die der Gesundheit nicht gerade dienen. Nehmen Sie Ihren täglichen Konsum kritisch unter die Lupe. Sind da nicht vielleicht zu viel fetter Käse, Schlagsahne, Vollmilchprodukte und zu fettes Fleisch auf dem Speisezettel? Sie müssen nicht gleich Vegetarier werden; ich bin es auch nicht. Gelegentlich findet auch noch ein Cheeseburger seinen Weg in mich hinein, aber ich übertreibe damit nicht. Mäßigung steht an oberster Stelle. Ihre körperliche Fitness profitiert von einer ausgewogenen Ernährung.

Vorbei sind die Zeiten, als ich Hamburger und Fritten auf der Runde verschlungen habe.

Meine Ernährungsrichtlinien

- Ich starte die Runde nicht mit vollem Magen; das letzte Mal esse ich zwei Stunden vorher, dann hat mein Körper ausreichend Zeit zu verdauen.
- Ich trinke viel Wasser vor und während der Runde.
- Ich habe immer Energieriegel in ausreichender Menge in meinem Bag.
- Sportdrinks schützen mich vor Dehydrierung.
- Äpfel und Bananen stabilisieren den Energiestoffwechsel.
- Süßigkeiten wie Schokolade meide ich während der Runde.
- Bei der Halfway-Verpflegung mache ich einen großen Bogen um Hamburger und Hotdogs, sie machen nur müde.
- Späte Mahlzeiten meide ich. Mein Essen soll wenigstens teilweise verdaut sein, bevor ich schlafen gehe.
- Viele Desserts sind alles andere als gesund. Ich wähle meist frisches Obst oder Joghurtspeisen.

Ich begrenze die Salz- und Zuckermengen, kann aber immer noch nicht den Reis- und Mangospeisen meiner Mutter widerstehen. Zum Glück führt sie mich nicht allzu oft in Versuchung. Und ein wenig Fett braucht der Körper, lassen Sie es also nicht ganz weg.

Ich habe nie verschwiegen, dass ich in meiner Jugend ein Fast-Food-Junkie war und kann mich noch gut erinnern, was mein Vater zu diesem Teufelszeug zu bemerken hatte: »Sohn, genieße Deine Jugend, aber sei Dir bewusst, dass das keine gesunde Ernährung ist. Zu Deinem eigenen Nutzen wirst Du Dich eines Tages davon abwenden.« Er sagte, ich müsse selbst wissen, was ich tue, er wolle mir nicht das Vergnügen nehmen, das Kinder offensichtlich bei einem Big Mac empfinden. War ich froh, das zu hören. »Mit dem Älterwerden wirst Du einsehen, dass auch die Verantwortung für Deine Gesundheit ganz allein bei Dir selbst liegt.« Mehr hatte er dazu nicht zu sagen und er hatte wie immer Recht. Dieser Tag der Einsicht kam früher als erwartet, und ich fühle mich seitdem viel besser. Die richtige Ernährung hat mir letztlich nur Vorteile verschafft, und das könnten Sie auch haben.

Für bestimmte Schläge brauche ich viel Kraft

Viel, was ich im Golf bisher erreichen konnte, ist das Ergebnis zunehmender Körperkraft. Vor zwei, drei Jahren hätte ich meinen Eisen-2-»Stachel« sicherlich nicht spielen können, weil ich dazu in den Handgelenken und Unterarmen noch zu schwach war. Ich musste aus meinem Körper und meinem Kopf die Fähigkeiten herausholen, die mir die Natur mitgegeben hatte. In diesem Spiel muss man das Äußerste erreichen, und bei der Körperkraft habe ich bisher alles Machbare realisiert.

·12·
SPIELEN UND SPIELE

SPASS AN DER FREUDE

Eine große Zahl von »Schnupper«-Golfern fanden das Spiel zu schwierig, waren enttäuscht und haben nie mehr einen Schläger angerührt. Ich kenne zudem eine Anzahl recht guter Spieler, die auch Erfolg hatten, die aber dennoch irgendwie die Lust verloren haben und zu anderen Sportarten abwanderten. Ich glaube, sie alle haben vergessen, wie viel Spaß es macht, Golf zu spielen. Nicht der Erfolg nämlich ist das Faszinierende, sondern das unendliche Vergnügen, das dieses Spiel bietet. In meiner Jugend hatte auch ich mich anderen Sportarten, etwa dem Cross-Lauf, verschrieben und sie haben mir auch gefallen. Aber Golf hat mir am meisten Spaß gemacht – bis heute.

Ich habe bereits erwähnt, dass Golf mir schon in der Kindheit ein guter Freund war. Bei schlechtem Wetter funktionierte ich unser Wohnzimmer zu einem Chip-Übungsgelände um. Ich schlug Flop-shots vom Teppich aus über den Kaffeetisch und ließ die Bälle vor dem Kamin landen. Niemals übrigens ging dabei etwas zu Bruch. Die Leute fragen mich immer wieder, wie ich so gut mit dem Druck bei großen Turnieren fertig würde. Hier mein Geheimnis: Die Schläge im Wohnzimmer durften keinen Lärm machen. Wenn nämlich meine Mutter dahinter gekommen wäre, was ich da in ihren geheiligten Hallen veranstaltete, wäre ein Donnerwetter unausbleiblich gewesen. Hinter diesem Druck verblasst jener bei Turnieren.

Im Sommer, wenn mein Vater zur Arbeit fuhr, nahm er mich mit und setzte mich am Heartwell Golfplatz ab, wo ich mich den ganzen Tag über aufhielt. So etwa um 9 Uhr morgens traf ich dort ein und ging schnurstracks zur Driving Range. Anschließend spielte ich neun Löcher, aß zu Mittag und spielte nochmals neun. Bis mein Vater mich wieder abholte, trainierte ich mein kurzes Spiel. Gelegentlich kam Stuart Reed, ein Spieler der Europäischen Tour, zu uns in den Club. Er wohnte in Long Beach und trainierte im Heartwell. Schnell wurden wir zwei Freunde. Das gemeinsame Üben und vor allem die kleinen Wettkämpfe machten richtig Spaß. Ich war damals 5 oder 6 Jahre alt, hatte überhaupt keine Chance gegen sein langes Spiel, im kurzen aber konnte ich so manchen Dollar gewinnen. Wir machten Spielchen, etwa den Ball genau hinter einen kleinen Pflock zu putten oder in einen Eimer zu lobben. Besonders lustig war es, wenn wir uns aus Hindernissen befreien mussten. Da habe ich viel von Stuart gelernt. Oft hatte aber auch ich erfolgreiche Ideen. Golf war mir immer irgendwie auf den Leib geschneidert.

Am schönsten aber war es mit meinem Vater. Unser Wettstreit war zuweilen auch ganz schön hart. Er legte immer mein persönliches Par fest, indem er für jede Spielbahn die Schläge vorgab, mit denen ich das Grün unter normalen Umständen erreichen konnte – plus zwei Putts. Beispiel: Ein Par 4 konnte ich, weil ich

Spielen und Spiele

noch nicht so lang war, mit vier Schlägen erreichen – plus zwei Putts, macht ein persönliches Par von 6. Immer wieder ging es auch darum, wer von uns beiden näher an ein bestimmtes Ziel schlagen konnte. Vater hat dann vorgegeben, welcher Punkt anzuspielen war, wobei das Gemeine darin bestand, dass die Ziele niemals mit geraden Schlägen zu erreichen waren. Wir mussten hooken oder slicen oder unseren Bällen ganz bestimmte Flugbahnen verpassen. Alle Manöver mussten vorher angekündigt werden. Eine Reihe von Schlägen, die ich heute noch auf der Tour spiele, stammen aus dieser Zeit mit meinem Vater. Wir lachten zusammen, umarmten uns und nahmen zum Schluss noch einen zur Brust – ich eine Cola, mein Vater etwas Härteres.

Niemals sollte Golf langweilig werden, vor allem nicht beim Üben. Mir jedenfalls macht es auf der Driving Range oder dem Putting Grün genauso viel Spaß wie draußen auf dem Platz. Ich übe, Schlägen eine bestimmte Flugbahn zu geben, und versuche mir selbst zu beweisen, dass ich einen bestimmten Schlag auf Kommando spielen kann. Das baut viel Selbstvertrauen auf und macht auch noch Spaß, wenn Sie die nachstehenden Tipps fürs Üben beherzigen:

Verschiedene Schläger, dieselbe Distanz: Mit Ausnahme einiger Bälle mit dem Wedge zum Aufwärmen schlage ich nie ohne genaue Zielrichtung. Nehmen Sie sich die 150-Meter-Markierung Ihrer Driving Range zum Ziel und beginnen Sie mit Ihrem 150-Meter-Schläger (für mich ein Eisen 9). Arbeiten Sie sich durch Ihr Bag bis zum Eisen 2 vor. Immer auf das gleiche Ziel. Das ist eine hervorragende Übung, Kontrolle über die Armgeschwindigkeit zu bekommen.

9 Bälle: Wählen Sie eine Stelle, die etwa 5 Meter vom Rand des Chipping Grüns entfernt ist. Nehmen Sie 9 Bälle, jeweils 3 Bälle für drei verschiedene Schläger – Sand Wedge, Pitching

Mein Leben hat auch Zeiten zum Relaxen. Hier bin ich auf einer meiner Veranstaltungen mit dem Trickgolfer Dennis Walter und seinem Hund Benji Hogan zu sehen. Unsere gemeinsame Zeit ist immer besonders schön.

Hier versuche ich mit aller Macht, ein Trickgolfer zu werden.

Wedge und Eisen 8, manchal ersetze ich dieses auch durch das Holz 3 –, und schlagen Sie zum am weitesten entfernten Loch. Führen Sie Buch darüber, wie viele Bälle Sie jeweils totlegen können. Sie glauben nicht, wie schnell sich Ihr Gefühl ums Grün herum verbessert. Ich mache ein ähnliches Putting-Spiel mit dem Driver, dem Eisen 2 und einem Sand Wedge. Das schult das Gefühl für die Freigabe des Putterkopfes.

Putt-Partnerspiel: Beide putten von derselben Stelle aufs Loch. Wer weiter entfernt liegt, muss seinen Ball eine Schlägerlänge weiter weg vom Loch legen. Der Spieler mit den wenigsten Schlägen hat gewonnen und legt die nächste Spielbahn fest.

Es gibt kein besseres Spielchen für das Putten, vor allem wenn der Gewinn ein Abendessen ist.

O-C-H-S-E: Diese Spielform gibt es beim Basketball, sie ist aber genauso effektiv auf dem Putting Grün. Werfen Sie eine Münze, um zu sehen, wer anfängt. Der Spieler bestimmt die Stelle, von wo aus geputtet wird. Er hat so lange die Ehre, bis er einlocht. Für jeden misslungenen Putt bekommt er einen Buchstaben. Wer zuerst OCHSE zusammenbringt, hat verloren.

Hinein in den Balleimer: Zum Training von Flop-shots würde ich nicht unbedingt das Wohnzimmer empfehlen, so wie ich

Weitere Gedanken

Einmal wurde ich mit einem powder ball ausgetrickst. Wir haben alle herzhaft gelacht.

das gemacht habe. Aber der kleine Eimer für Ihre Übungsbälle leistet da guten Ersatz. Postieren Sie ihn etwa 15 Meter entfernt und schauen Sie, wie viele Bälle Sie mit Ihrem Lob Wedge hineinbekommen.

Strip Poker: Wenn wir nicht gerade mit der Vorbereitung auf ein großes Turnier befasst sind, trainieren meine Freunde und ich immer in Form kleiner Wettkämpfe. Die Devise ist, Spaß und Spannung miteinander zu verbinden. Eines meiner Lieblingsspiele ist ein umgekehrter Strip Poker. Zwei Teams spielen gegeneinander. Das jeweilige Gewinner-Team an einem Loch verliert einen Schläger aus dem Team-Bag, und das Verlierer-Team darf bestimmen, welchen. Es ist das einzige Spiel, das ich kenne, bei dem der Gewinner tatsächlich verliert. Hier noch einige Spiele, die für Spannung sorgen.

Wolf und Schwein: Ideal ist dieses Spiel, wenn es wie ein klassischer Vierer abläuft. Die Münze wiederum regelt, wer »Wolf« am 1. Tee ist. An jedem neuen Abschlag wird ein anderer Spieler »Wolf«, sodass es jeder vier Mal war, wenn 16 Löcher gespielt sind. Der »Wolf« darf sich nach dem Abschlagen entweder einen Partner wählen oder gegen alle drei spielen. Der gewählte Spieler kann ablehnen und seinerseits gegen die Drei spielen. Er wird damit zum »Schwein«.

Spielen und Spiele

Ich bin zwar kein Komödiant, aber ich kann auch witzig sein – sagt man. Damit baue ich während der Turniere Druck ab.

An jedem Loch werden Punkte vergeben; wer am Ende die wenigsten Punkte hat, verliert gegen alle.

Der Regenschirm: Hierbei geht es um jeweils sechs Punkte unter den Mitspielern. Einzelne Punkte werden an jedem Loch vergeben für den niedrigsten Score, ein Birdie und den Ball, der am nächsten an der Fahne liegt. Das schlechteste Einzelergebnis bringt zusätzlich einen Punkt für den Gegner, und zwei Punkte bringt das Aggregat (Summe der Einzelergebnisse je Team). Wenn ein Team alle sechs Punkte an einem Loch gewinnt, wird die Punktzahl verdoppelt, und der Regenschirm wird aufgespannt. Das ist so zu verstehen, als wenn der Unterlegene die weiße Fahne schwenkt.

Vegas: Hierzu bedarf es eines eigenen Zählers, denn der Score jedes Spielers ist an jedem Loch von ausschlaggebender Bedeutung. Das bessere Ergebnis zweier Spieler eines Teams pro Loch wird vorangestellt. Beispiel: Ich spiele eine 4 und mein Partner eine 6, so ist unser Score 46. Spielen unsere Gegner eine 45, haben sie an diesem Loch einen Punkt gewonnen. Spielt ein Team ein Birdie, muss der Gegner seinen Score umdrehen. Sind 47 gespielt worden, so sind es jetzt 74. Spielen beide Teams Birdie, werden beide Scores umgedreht, und belohnt wird damit der, der vorher schon das bessere Ergebnis hatte.

Sie werden es kaum glauben, aber selbst wenn ich mich mit aller Kraft bemühe, nicht auszuflippen, in der Endphase eines Turniers kommt es immer wieder einmal zu einer Situation, in der ich einfach Dampf ablassen muss. Mit ihrer inneren Angespanntheit gehen die Spieler ganz unterschiedlich um. Lee Trevino spricht mit seinen Mitspielern und den Zuschauern. Chi Chi Rodriguez führt Gesten vor, und Arnold Palmers Lächeln sagt mehr als tausend Worte. Ich glaube, dass selbst die stoischsten Spieler die intensivsten Momente ihres Lebens haben, sobald Wettkämpfe in ihre entscheidende Phase treten. Wenn sie davon unberührt blieben, sollten sie aufhören.

Ein Teil meiner Wettkampfbegeisterung liegt darin, mich an meine Grenzen zu bringen, einen inneren Zustand, den wohl jeder meiner Mitspieler kennt. Manchmal bin ich selbst überrascht. Als ich das Masters zum zweiten Mal und damit alle vier Majors binnen eines Jahres gewann, war ich schon erstaunt, einen solchen Zenit in derart kurzer Zeit zu erreichen, wo so unendlich viel Arbeit damit verbunden ist. Das Spiel im Augusta National, das letzten Einsatz von mir forderte, war mitreißend und wird nicht so leicht vergessen werden. David Duval war in Hochform, und Phil Mickelson lauerte auf seine Chance. Nur ein, zwei mehr gelochte Putts entschieden über Sieg und Niederlage. Wenn solch ein Wettkampf nicht alles Blut in den Adern in Bewegung setzt, dann

Weitere Gedanken

weiß ich nicht, wann das überhaupt geschehen kann. Ich hatte Glück, weil mir mehr Putts gelangen, aber gewonnen hat an diesem Tag praktisch jeder.

Für mich gibt es kaum ein größeres Vergnügen, als an andere weiterzugeben, was mich im Golf so glücklich macht. Mit kleinen Kindern zu üben und ihnen dabei zu helfen, ihre Träume zu erfüllen, beim Golf oder in ihrem Leben, ist eine wunderschöne Aufgabe. Ich bin einer Vielzahl von Menschen

Ob ich nun spiele oder am Laptop sitze, sich zurückzulehnen und auszuspannen ist immer eine gute Sache. Das trägt dazu bei, dass ich bisher alles so gut überstanden habe.

zu Dank verpflichtet, weil sie zu meinen Träumen beigetragen haben. Jetzt ist es an mir, anderen zu helfen. Ich nehme meine Verantwortung sehr ernst. Wenn ich jetzt positiv auf andere zugehe, habe ich auch selbst noch etwas davon. Es wärmt mein Herz, wenn Kinder vor Begeisterung strahlen. Dass Golf das alles für mich möglich gemacht hat, dafür bin ich sehr, sehr dankbar. In dem großen Bild wird deutlich, was das Leben mir zurückgibt. Du wirst an dem gemessen, was du weitergibst. Ich fühle mich bestätigt in solch glänzenden Kinderaugen.

Und noch einmal muss und möchte ich es sagen: Meinen Eltern verdanke ich letztlich alles. Sie lehrten mich, mich selbst, meine Zeit, mein Talent und – am wichtigsten – meine Liebe weiterzugeben. Niemals werde ich diese ersten Lebensregeln vergessen. Ich hoffe, auch Sie werden die »Lektionen« dieses Buches nicht vergessen.

Ich liebe das Spiel, weil es offensichtlich auch mich liebt. Ich liebe es, weil es mir die Gelegenheit gibt, mein Bestes an Sie weiterzugeben. Und diese Facette des Spiels verschafft mir die größte Befriedigung.

Ich will vor allem der Jugend ein Vorbild sein. Wenn mir das gelingt, bin ich ein glücklicher Mensch.

Weitere Gedanken

Wenn Ihnen dieses wunderbare Spiel keine Freude macht, probieren Sie es einfach andersherum.
Die Einstellung, auf dem Platz einfach nur Spaß zu haben, führt in nicht seltenen Fällen
zu sehr gutem und erfolgreichem Golf. Gehen Sie während der Runde niemals achtlos an den Rosen vorüber,
ihren Duft nicht wahrzunehmen ist »anti-golf«.

NACHWORT

Die US Amateur 1996 in Pumpkin Ridge ist geradezu ein Paradebeispiel dafür, wie jemand, der sein Golf verbessern will, an dieses Buch herangehen soll. Ich hatte gerade einen Hammer-Drive am 16. Loch, einem Par 4, losgelassen. Das war in meinem Zweitrunden-Match gegen Jerry Courville, einen sehr guten Spieler aus Connecticut. Als ich zu meinem Ball kam, fand ich ihn im Semirough, etwa 30 Zentimeter vom Fairway entfernt. Mitten in das Schweigen meiner Schlagvorbereitung drang plötzlich eine vertraute Stimme aus etwa 40 Meter Entfernung: »Als Fairway-Treffer ist dieser Schlag rein statistisch nicht zu werten.«

Ich schaute über das Fairway hinüber, da stand mein Vater unter einem Baum und lächelte mir zu. War das fair, mich bei dem Versuch, ein Turnier zu gewinnen, so zu stören? Immerhin stand ich damals vor der bis dahin wichtigsten Aufgabe in meinem Leben – den dritten US Amateur-Titel in Folge zu erringen. Aber so ist er nun einmal. Ich schüttelte nur den Kopf, musste aber doch auch lachen. Dass mein Vater in solch einem Moment auf solch ein Detail abzielte, zeigt, wie er mich erzog. Dinge oberflächlich zu behandeln war nie seine Art. Im Golf nicht und im übrigen Leben auch nicht. Und wenn man es genau nimmt mit der Einschätzung seines Könnens, dann ist eben auch ein Ball, der 1 Zentimeter im Semirough liegt, kein Ball auf der Bahn.

Mit dieser Einstellung können Sie aus dem vorliegenden Buch den größten Nutzen ziehen. Wenn Sie es einmal gelesen haben, tun Sie es bitte noch ein zweites Mal. Vertiefen Sie sich noch mehr als bisher in die Erklärungen, die ich für Sie zusammengestellt habe, und üben, üben, üben Sie. Lesen oder üben Sie nicht schon etwas anderes, bevor Sie das Vorangegangene nicht zu Ihrer Zufriedenheit abhaken können. Das braucht seine Zeit, aber es lohnt sich. Was anfangs harte Arbeit ist, wird schnell hoch interessant und hält stets Spaß und Freude und natürlich auch Belohnung bereit. Für mich gibt es kein größeres Vergnügen, als auf der Driving Range an einem spezifischen Schwungproblem zu arbeiten. Es war mir niemals lästig, hart zu arbeiten, und Langeweile kam auch niemals auf.

Ich wünsche von Herzen, dass Ihnen mein Buch zu besserem Spiel verhilft. Mein Wissen an Sie weitergeben zu dürfen, ist nicht nur ein Vergnügen für mich, sondern auch eine Ehre.

– TIGER WOODS, *Herbst 2001*